如何在高质量发展中促进共同富裕

中央党校教授与你谈

中共中央党校（国家行政学院）经济学教研部　著

曹　立　主编

人民出版社

目　录

导 论 | 在高质量发展中促进共同富裕

共同富裕是社会主义的本质要求，是中国式现代化的重要特征。党的二十大报告以更宽广的视野、更长远的眼光科学谋划了全面建设社会主义现代化国家的宏伟蓝图和大政方针，标志着我们党以中国式现代化全面推进中华民族伟大复兴的战略更加成熟。中国式现代化是中国共产党领导的社会主义现代化，从根本上决定了中国式现代化是全体人民共同富裕的现代化。共同富裕，承载着人民对美好生活的向往，体现了中国共产党人的价值追求。习近平总书记对共同富裕的丰富内涵、重要任务和实现路径进行了深刻阐释。共同富裕的内涵体现了生产力和生产关系的有机统一，共同富裕的内容包含了物质文明和精神文明的有机统一，共同富裕的实现是财富创造与财富分配的有机统一，共同富裕的过程是分阶段实施与长期推进过程的有机统一。我国已进入扎实推进共同富裕的历史阶段，但"必须清醒认识到，发展不平衡不充分问题仍然突出，城乡区域发展和收入分配差距较大"①。由这些发展差距造成的"一条腿长、一条腿短"的失衡现象成为促进共同富裕面临的主要挑战。因此，从本质上看，共同富裕仍然是一个发展的问题。在高质量发展中促进共同富裕，必须探索出一条具有平衡性、协调性和包容性的高质量发展之路。

一、共同富裕是一个发展命题

习近平总书记指出："共同富裕本身就是社会主义现代化的一个重要目标。我们不能等实现了现代化再来解决共同富裕，而是要始终把满足人民对美好生活的新期待作为发展的出发点和落脚点，在实现现代化过程中不断地、逐步地解决好这个问题。"②做大蛋糕是分好蛋糕的首要前提，只有不断提高发展质量效益，不断解放和发展生产力，才能为保障和改善民生提供坚实的物质基础。在高质量发展中促进共同富裕，共同富裕首先就应该是一个发展命题。因此，作为发展命题，共同富裕是生产力发展基础上的逐步富裕。

（一）城乡发展差距是促进共同富裕面临的突出问题

促进共同富裕，难中之难的任务仍在农村地区。城乡间发展差距

---

① 《习近平谈治国理政》第四卷，外文出版社 2022 年版，第 142 页。

② 习近平：《论把握新发展阶段、贯彻新发展理念、构建新发展格局》，中央文献出版社 2021 年版，第 503 页。

能否缩小事关共同富裕目标最终能否实现，推动共同富裕取得实质性进展必须增强城乡发展的平衡性。尽管不平衡发展是经济发展过程中的普遍规律，但发展不平衡的矛盾日益成为阻碍实现共同富裕的重点问题。总体来看，发展不平衡带来的城乡间差距主要表现在城乡在经济发展、社会发展水平、生活水平和生态环境建设方面的较大差异。第一，经济发展方面。农村地区经济发展水平相对滞后，产业融合度、要素供给能力和创新驱动能力也远落后于城镇地区。城乡收入绝对差额由 1978 年的 209.8 元扩大到 26702.3 元，2020 年城乡居民人均可支配收入比高达 2.56。第二，社会发展水平方面。随着农村地区公共服务供给力度不断加大，农村地区公共服务水平日益提升。但城乡间基本公共服务的覆盖效率和集聚效率存在较大差别，特别是农村居民的社会保障水平亟待提升。第三，生活水平方面。近年来农村地区基础设施的供给得到明显改善，但与城镇地区相比仍存在较大鸿沟。2020 年城乡居民人均消费支出之比为 1.97，城乡间消费水平差距较大。第四，生态环境建设方面。相较于城镇地区，农村地区绿化覆盖率、无害化厕所普及率和污水处理率均有待提高，人居生态环境亟待进一步改善。

我国城乡间发展差距较大主要受到相对非平衡发展战略的影响。20 世纪 50 年代中期重工业优先的发展战略通过工农业品的不等价交换直接为工业化提供积累，通过牺牲农民的利益建立了新中国的工业基础；1978 年后城乡关系逐渐由对立转化为对立缓和，农村流向城市的要素资源间接地为工业化提供积累；2002 年党的十六大统筹城乡经济社会发展的重大任务，并出台了一系列推动农村发展的重要举措；2005 年新农村建设的启动使我国城乡差距开始出现缩小态势，但并未根除城乡分割的体制障碍；2012 年党的十八大提出城乡一体化发展战略，使城乡统筹发展在资源配置方面进一步深化；2017年党的十九大提出实施乡村振兴战略标志着我国进入城乡全面融合的新阶段。上述战略变迁过程说明党和国家在破除城乡二元结构和推动城乡融合发展方面取得了诸多成就，但长期以来由非平衡发展战略导致城乡间发展速度和质量存在较大差异，成为阻碍共同富裕实现的重要因素。

（二）生产力发展是促进共同富裕的基础

进入新时代，我国已站在全新的发展起点，拥有更强的经济实力和更高的发展水平。不断发展的社会生产力和巨大的经济成就为缩小差距从而促进共同富裕提供了牢固的物质基础。党的十八大以来，我国的综合国力迈上新台阶。"十三五"期间，国内生产总值从不到70万亿元增长到超过100万亿元。2022年国内生产总值达121万亿元，占全球经济的比重超过18.5%，作为全球第二大经济体为世界经济增长提供重要动力；农业现代化扎实推进，粮食总产量连续7年始终保持在1.3万亿斤以上，经济作物播种面积增加，优质稻谷面积扩大；制造业增加值连续13年居世界第一位，作为全世界唯一一个拥有全部工业门类的国家，我国拥有强大的生产能力和完善的配套能力，工业体系的规模和完整性居全球第一位；新兴服务业实现较快增长，质量稳步提升，2021年第三产业增加值占GDP的比重达53.4%，经济结构持续优化；形成了规模庞大、供求多元且拉动力强的内需市场，2021年最终消费支出对经济增长的贡献率达到65.4%；供给侧结构性改革推动产业结构升级步伐加快，建立了效率更高和更具韧性的产业链和供应链体系；分享经济和数字经济等领域持续出现的新产品、新业态和新模式为经济发展带来新活力；与此同时，科技的进步也为做大经济总量蛋糕注入了强劲动力，创新型国家建设在载人航天、深海工程和超级计算等领域取得了一系列突破性科技成果，2022年我国研究与试验发展（R&D）经费支出30870亿元，全球创新指数排名提升至第11位。

增强发展的平衡性从而缩小城乡发展差距的具体路径主要有两个方面：一方面，要在巩固脱贫攻坚成果的基础上，以乡村振兴为重要抓手全面推进农村共同富裕工作。2020年我国取得了消除绝对贫困的全面胜利，但也要看到脱贫地区的经济发展水平仍相对落后，防止返贫仍有较大压力。因此，需要加大对易返贫致贫人口的监测和干预力度，实现可持续和稳定脱贫；加强脱贫攻坚与乡村振兴的衔接性，发挥乡村振兴在促进农村共同富裕中的突出作用，实现从生计改善到生活富裕的转变；以产业兴旺为载体激活乡村内生活力，帮助农村居民过上更加宽裕、更有保障、更加美好的生活。

另一方面，增强发展的平衡性从而缩小城乡间差距需要实现更大力度、更宽领域、更深层次的城乡融合。从制度层面破除阻碍城乡间要素流动的壁垒，推进城乡要素市场化改革，深化户籍制度改革，搭设城乡间要素双向流动及平等交换通道；通过农村土地制度改革盘活农村土地资源，增加农民财产性收入从而缩小城乡居民收入差距；加快资本下乡改革步伐，有效利用下乡资本开展多种农业经营模式；增强社会保障制度的城乡统筹性，逐步缩减城乡居民享有的社会保障差异；增强城乡生态治理的整体性和联动性，加快形成城乡生态融合治理新局面；以更加充分的城乡融合增强城乡发展的平衡性，缩小城乡发展差距从而促进共同富裕。

（三）在促进发展中促进共同富裕的浙江探索

国家"十四五"规划和 2035 年远景目标纲要提出，支持浙江高质量发展建设共同富裕示范区。2021 年 5 月 20 日，中共中央、国务院印发《关于支持浙江高质量发展建设共同富裕示范区的意见》，这是以习近平同志为核心的党中央作出的一项重大决策。从实践来看，浙江省践行"八八战略"，坚决扛起高质量发展建设共同富裕示范区政治责任，为全国实现共同富裕先行探路。一年多来，在促进发展中促进共同富裕，生动诠释了高质量发展缩小城乡发展差距。通过科技创新、制度创新和管理创新不断做大蛋糕，进一步夯实共同富裕的生产力基础是关键。2021 年浙江经济保持较快增长，经济总量跨上新台阶；新发展格局加快构建，经济循环进一步畅通；数字经济加快领跑，内生动力不断增强；质量效益持续向好，高质量发展水平有效提升；民营经济优势突出，为扎实推进共同富裕先行奠定了坚实基础。浙江省经济总量超 7 万亿元，城乡差距缩小取得实质性成效。农村居民人均可支配收入达到 3.52 万元，连续 37 年位居全国各省区市第一名；城乡收入倍差由 2020 年的 1.96 下降到 1.94，城乡消费倍差由 1.68 下降到 1.66，均位居全国前列。这些进展得益于在"一县一策""一县一业"推进山区 26 县高质量发展。2021 年，浙江山区 26 县规模以上工业增加值 1536 亿元，比 2020 年增长 12.8％。"专精特新"中小企业总数达 360 家，实现县县全覆盖。

二、共同富裕是一个协调命题

邓小平在谈到共同富裕时多次强调"逐步"实现共同富裕，这里"逐步"包括两层含义：一是从社会历史发展纵向来看，实现共同富裕是一个客观的物质积累过程，需要分步骤有秩序地进行；二是从某一历史发展阶段的横断面来看，允许一部分人、一部分地区通过诚实劳动和合法经营先富起来，然后帮助和带动更多乃至全国各族人民富裕起来。由此可见，共同富裕的实现是一个动态的、非同时富裕的过程。习近平总书记多次强调，"实现共同富裕，要统筹考虑需要和可能，按照经济社会发展规律循序渐进。同时，这项工作也不能等，要自觉主动解决地区差距、城乡差距、收入差距等问题"①。因此，作为协调命题，共同富裕是从部分到整体的逐步富裕。推进共同富裕，缩小区域发展差距，要发挥我国社会主义制度优势，推动发达地区持续对欠发达地区的带动作用，发挥区域的整体效能，增强发展的整体性。

（一）区域发展差距成为制约共同富裕的重要因素

区域协调发展战略的推进使我国区域协调发展持续取得新进展，但区域间发展水平在总量和人均层面仍存在较大差距，成为实现共同富裕必须面临的主要挑战之一。经济总量层面，2021 年北方地区经济总量占全国的比重为 35.2%，较 2012 年下降 4 个百分点，经济重

---

① 《习近平谈治国理政》第四卷，外文出版社 2022 年版，第 171 页。

心持续呈现南移态势。相较于长三角和珠三角地区，西北和东北地区发展呈现滞后状态。大城市及城市群和中小城市在资源集聚趋势和发展动力上都存在明显差异。人均收入层面，尽管近年来我国区域收入差距扩大态势得到遏制，但东部和中西部地区的人均收入差距依然较大。2020年东、中、西部及东北地区城镇居民人均可支配收入之比为1.46：1.05：1.05：1；农民人均纯收入之比约为1.46：0.96：0.90：1。此外，区域间基本公共服务水平存在显著差异。东部地区每万人拥有医疗卫生机构床位数、城市卫生技术人员数及人均拥有公共图书馆藏量均显著高于中西部地区，由此带来的居民生活质量差异也使共同富裕面临严峻考验。

我国区域间发展差距较大的形成原因既包括各区域资源禀赋的不同，也受到长期以来区域发展战略协调性不足的影响。新中国成立后至改革开放前为扶持内陆地区发展时期，整体思路是充分利用东部沿海工业基地大力发展内地工业，形成平衡导向的生产力布局。但这一时期各地经济发展水平较低，区域协调发展水平总体呈现较低水平。1978年至1999年为鼓励东部沿海地区率先发展时期，基本思路是充分利用沿海地区的区位优势形成要素集聚效应推动东部沿海地区率先发展。2000年后区域发展差距过大问题日益受到重视，西部大开发、振兴东北地区等老工业基地，以及促进中部地区崛起等一系列重大战略推动我国进入区域协调发展时期。党的十八大以来，我国区域发展相对差距总体呈缩小趋势，但受制于资源禀赋和历史政策等原因，不同区域经济发展分化趋势仍较为显著。总体而言，发展的协调性不足导致的南北差距、东西部差距、发达地区及欠发达地区之间的差距严重制约了共同富裕取得实质性进展。

（二）增强区域发展的协调性和整体性

作为一项长期性任务，唯有在区域协调发展的动态过程中，才可能促进区域的相对平衡，最终缩小区域发展差距从而促进共同富裕。一方面，增强区域发展的协调性缩小区域发展差距，需要树立全局观念。深入推进区域重大战略，充分发挥不同区域的比较优势。加快实现京津冀协同发展，加快长江经济带发展步伐，积极推进粤港澳大湾区建设，提升长三角区域一体化发展水平；发挥重点地区建设缩小南北和东西差距的重大功能，以区域重大战略为空间载体培育新增长极发展，以更强的辐射带动能力为推动区域协同发展提供重要战略支撑。

另一方面，增强发展的协调性缩小区域间发展差距需要坚持有效市场和有为政府的有机结合，推进形成区域协调发展新格局。发挥中央政府力量深入实施区域统筹协调发展战略，健全区域合作互助机制，建立区域利益共享和补偿模式下与促进共同富裕相适应的合作新机制，优化财政转移支付制度，引导生产要素和社会资源向欠发达地区流动，为欠发达地区创造更多发展机会，通过有效的制度供给从时空角度破解区域发展协调性不足的问题；同时，要充分发挥市场机制在促进各类要素合理流动和高效集聚方面的关键作用，进一步提升资源配置效率，实现区域发展的规模经济效应。在构建统一开放、竞争有序的国内大市场中促进区域协调发展，进一步增强不同区域发展的联动互补性，形成以实现高质量发展为导向的区域协调发展新格局，缩小区域间发展差距从而促进共同富裕。

作为国家共同富裕示范区，浙江的城乡协调发展在很大程度上依赖于山海协作协调发展。习近平总书记在浙江工作时就制定了"加快推进城乡一体化""推动欠发达地区跨越式发展"的举措，围绕山区 26 县发展突出短板，亲自部署实施了山海协作、百亿帮扶致富等重大工程，在共同富裕探索实践中形成了以工促农、以城带乡、工农互惠、城乡一体的工农城乡关系。自 21 世纪初，浙江开始坚定践行"山海协作"战略，具体形式从最初的加强基建、结对帮扶、产业支持，到后来的"飞地经济"等，核心要义都在于促进经济发达地区与省内山区的协作共富。目前，全省建有山海协作"飞地"园区 79 个，其中 37 个园区带动 3000 多个集体经济薄弱村增收 4 亿多元。

三、共同富裕是一个民生命题

共同富裕追求的全体人民幸福感的整体提升，在协调发展中促进共同富裕最终要体现在"民生"上，满足城乡居民共享优质的教育资源、医疗资源，实现包容性发展。从理论上看，共同富裕可以从两个层次上理解，"富裕"反映了社会生产力发展水平；"共同"反映了社会成员对财富的分配，是社会生产关系的集中体现。在生产力和生产关系相结合的基础上，共同富裕就是从人民根本利益出发，推进教育、医疗、住房、养老等公共服务均等化，实现公共服务优质共享，这是促进共同富裕的重要支撑。因此，作为民生命题，共同富裕是提高人民福祉的尽力而为和量力而行相统一的逐步富裕。

实现共同富裕是一个长期、复杂、艰巨的任务，除了继续推进经济发展、做大"经济蛋糕"外，还要不断改善分配机制，分好"蛋糕"。面对这样的艰巨任务，基于现行条件实现近期目标，要有效解决共同富裕结构中最急迫、最基础、最底线的问题，然后再向着解决高层次问题的方向迈进。也就是说，实现共同富裕，是一个分层次、分阶段、渐进改进结构的过程。现阶段促进共同富裕，要聚焦底线，解决一些基本的、急需的民生问题。

（一）收入差距较大是阻碍共同富裕取得实质性进展的重要问题

收入分配是实现发展成果由人民共享的最直接和最重要的方式，居民收入差距能否缩小直接关乎共同富裕目标能否实现。当前，居民收入差距较大仍是阻碍共同富裕取得实质性进展的重要问题。我国居民收入差距在 20 世纪 80 年代至 2008 年逐步扩大，基尼系数由 20 世纪 80 年代的 0.3 上升至 2008 年的 0.491。2008 年后我国基尼系数缓慢下降，但近几年呈现反弹态势，始终高于 0.4 的国际警戒线。除城乡和区域人均收入差距较大外，社会成员间的收入差距问题还表现为不同群体和不同行业的收入水平差异显著。从不同群体来看，按照收入群体五等分，2021 年前 20% 的高收入群体和后 20% 的低收入群体的可支配收入之比高达 10.30；从不同行业来看，2020 年民营单位平均工资仅为非民营单位的 59.28%，年薪最高与最低行业的平均工资之比高达 4.56。相较于竞争行业，垄断行业收入过高问题也值得重视。

居民收入差距过大的主要原因在于发展的包容性有待增强。包容性发展旨在实现发展主体的全民性、发展内容的全面性、发展过程的公平性和发展成果的共享性。第一，从发展主体的全民性上看。在我国消除绝对贫困的过程中，贫困群体的可行能力和自身权利得到了切实保障，但仍存在由于能力和权利的相对差距以及社会排斥导致的发展机会不平等和居民收入差距过大现象。第二，从发展内容的全面性上看。除经济发展外，公共服务和社会保障也会对不同群体，特别是弱势群体的可行能力和发展机会产生重要影响。第三，从发展过程的公平性上看。无序竞争、垄断等现象影响了机会公平和规则公平，由此形成的非合理收入导致不同行业收入差距过大。第四，从发展成果的共享性上看。"蛋糕"能不能分好不仅涉及收入维度，还包括对人民群众幸福感产生重要影响的基础民生保障维度，城乡间和区域间基础设施、基本公共服务和社会保障存在的较大差异都会对共同富裕造成不利影响。

习近平总书记指出，发展必须是"遵循社会规律的包容性发展"①。以更具包容性的发展缩小居民收入差距需要从发展起点、机会、过程和成果同时发力，逐步缩小居民收入差距。

第一，以包容性发展缩小居民收入差距，需要有力推动基本公共服务均等化。健全覆盖城乡的公共就业和创业服务体系，保障基本劳动就业创业机会；提升基层医疗卫生机构标准化达成程度，加强远程和分级诊疗信息系统建设；围绕社会救助和社会福利等重点任务健全基本社会服务体系建设；推进公共租赁住房、城镇棚户区住房改造和农村危房改造，解决城乡居民基本住房问题并逐步解除房产和优质教育资源的捆绑关系；稳步提高城乡、区域和不同群体间基本公共服务均等化程度，增强发展起点的公平性。

---

① 中共中央宣传部编：《习近平总书记系列重要讲话读本（2016 年版）》，学习出版社、人民出版社 2016 年版，第 146 页。

第二，以包容性发展缩小居民收入差距，需要增强社会保障体系的全民覆盖性、公平统一性和多元层次性。实施全民参保计划，将更多人特别是低收入人群纳入社会保障体系之中；加快体制内外基本养老保险制度并轨进程，构建一体化的社会保险公共服务信息平台，提升社会保障体系的公平性；增强社会保险与其他保险衔接的有效性，满足人民群众多层次保障需求。充分发挥社会保障体系的安全网作用，使其更好保障经济机会，更加契合共同富裕目标。

第三，以包容性发展缩小居民收入差距，需要优化收入分配基础性制度安排。在初次分配中兼顾效率与公平，坚持按劳分配，提高劳动报酬在初次分配中所占比重，完善生产要素按贡献参与分配的机制；健全再分配制度安排，完善个人所得税税收制度，加强对低收入人群的转移支付力度，提高中等收入群体比重，推动形成"橄榄型"收入分配格局；完善三次分配配套制度，促进慈善事业发展；使更加公平合理的收入分配制度成为实现共同富裕的重要保障。

作为一项具有长期性、艰巨性和复杂性的系统性任务，推进共同富裕需要多效并举，久久为功。不断解决发展过程中出现的不平衡、不协调和不包容和由此带来的城乡区域发展差距和居民收入差距过大问题，坚持在缩小差距的动态过程中实现共同富裕的宏伟蓝图。习近平总书记告诫我们，"促进全体人民共同富裕是一项长期任务，也是一项现实任务，急不得，也等不得，必须摆在更加重要的位置，脚踏实地，久久为功，向着这个目标作出更加积极有为的努力"[①]。促

---

① 习近平：《论把握新发展阶段、贯彻新发展理念、构建新发展格局》，中央文献出版社 2021 年版，第 503 页。

进共同富裕要遵循经济社会发展规律，科学设定不同阶段的发展目标，不断取得成效，积小胜为大胜。

四、共同富裕是一个平等命题

中国拥有世界上最大规模的妇女群体，她们是中国特色社会主义发展的重要力量，缩小差距促进共同富裕需要重视妇女发展。在中国 7 亿多脱贫人口中，妇女约占一半。妇女是脱贫攻坚的贡献者和受益者，也是实现共同富裕的奋斗者和受益者。妇女已占我国农村劳动力的 60% 以上，在特色种养、农产品加工、休闲农业、乡村旅游、电子商务等多元业态发展中大显身手，广大妇女已经成为创业增收、走向共同富裕的生力军。新时代妇女发展和男女平等得到了很大提高，特别是经过脱贫攻坚的洗礼，极大地激发了妇女发展内生动力，妇女发展能力和发展环境都有了大幅度改善。但是，由于政治、经济、社会和文化等多方面因素的影响，女性易遭受边缘化对待，无法获得和男性平等的获得权、资源分配权。这制约了妇女的发展和进步，制约着妇女走向共同富裕。作为一个平等命题，要以平等发展缩小男女发展差距来推动妇女走向共同富裕。

（一）性别歧视成为制约妇女走向共同富裕的现实问题

习近平总书记站在巩固和扩大党执政的阶级基础和妇女群众基础的政治高度，站在中国特色社会主义事业发展的全局高度，高度重视关怀妇女和妇女工作。坚持中国特色社会主义妇女发展道路，必须牢牢把握实现中华民族伟大复兴的中国梦这一当代中国妇女运动的时代主题，充分发挥妇女的独特作用。中国妇女扶贫减贫的巨大成就，是中国共产党领导和中国特色社会主义制度优越性的重要体现，是男女平等基本国策在扶贫减贫领域的生动实践。中国积极致力于贫困妇女脱贫发展，在经济发展、就业创业、文化教育、社会保障、卫生健康、慈善公益等方面采取一系列政策措施，取得显著成果。但是，由于政治、经济、社会和文化等多方面因素的影响，性别歧视导致男女发展机会、获得资源上的不平等，制约着妇女走向共同富裕。

　　一方面在劳动力市场上，相比于男性，贫困妇女的就业机会更少；在同一行业，技术含量、地位和收入越高的岗位对女性的偏好也越低；即便在相同的岗位，女性的收入也低于男性。另一方面在社会分配体制和社会保障制度的落实层面也存在性别不公正，具体表现在土地政策、户籍制度等方面将妇女置于边缘地位的情况依然存在。因此，促进妇女的共同富裕，要解决妇女发展不平衡、不充分的问题，必须促进妇女包容性发展。所谓包容性发展，是指要让全体社会成员都能公平合理地共享发展的权利、机会和成果的一种发展，使经济增长所产生的效益和财富惠及所有人群。包容性发展强调发展主体的全民性、发展内容的全面性、发展机会的公平性及发展成果的共享性。

（二）以平等发展推动妇女走向共同富裕

　　以平等发展缩小男女发展差距，推动妇女走向共同富裕。推动人的全面发展、全体人民共同富裕取得更为明显的实质性进展，需要进一步消除性别差距，保障妇女发展权利，进一步发挥妇女主体作用。习近平总书记指出，"人民幸福生活是最大的人权"①。性别平等不仅是一项基本人权，也是可持续发展的必要基础。平等参与经济活动和公平享有经济资源是妇女生存发展的基本条件，也是保障妇女平等发展的基本权利。中国在推进经济结构战略性调整和转变经济发展方式的改革创新中，充分保障妇女经济权益，促进妇女平等参与经济发展，保障妇女的平等就业权利，国家制定和完善法律法规，促进公平就业，消除就业性别歧视，提高了妇女参与经济的机会和能力，调动广大妇女的发展积极性、主动性和创造性，促进妇女走向共同富裕。

一是促进农村妇女的共同富裕。促进共同富裕，最艰巨最繁重的任务仍然在农村。新发展阶段，全面推进乡村振兴，加快农业产业化，增加农民财产性收入，使更多农村居民勤劳致富，重点任务就是促进农村妇女实现包容性发展。保障农村妇女发展的经济权利。在全面深化农村改革和推进基层依法自治的过程中，国家落实和完善保障农村妇女土地权益的法律政策，建立健全农村集体资金、资产、资源管理等各项制度，纠正与法律政策规定、性别平等原则相冲突的村规民约，确保农村妇女平等享有土地承包经营权、宅基地使用权和集体收益分配权。在土地承包经营权确权登记颁证工作中，明确登记簿和确权证上应体现妇女的土地权益，从源头上保障农村妇女的生存发展资源。

---

① 习近平：《坚定不移走中国人权发展道路　更好推动我国人权事业发展》，《求是》2022 年第 12 期。

　　二是要促进妇女精神生活共同富裕。作为共同富裕内涵与构成部分的精神生活共同富裕，主要表现为每个人都能得到丰富多彩的精神生活带来的心理满足和精神愉悦，从而显现为一个民族精神状态的饱满、自尊自强意识的张扬和奋发意志的昂扬。全面脱贫，经济维度的妇女绝对贫困问题得到解决。但是，要解决心理、家庭、社会权利、发展能力等维度的妇女问题，仍然需要系统性政策安排。要推动妇女在教育、参与社会治理上的权利保障，提高在公共服务、公共产品上的获得感，使妇女在精神文化需求上得到满足。

　　三是要提高妇女发展能力，通过自我发展促进共同富裕。要创造更加公平的条件，提升人力资本和专业技能，提高就业创业能力，增强致富本领。消除就业性别歧视，探索妇女就业优先政策，为妇女提供职业培训，完善应用型人才培养体系；拓宽妇女就业创业渠道，落实妇女优先原则，产业项目、就业岗位要向符合条件的妇女重点群体倾斜。

　　习近平总书记告诫我们，"促进全体人民共同富裕是一项长期任务，也是一项现实任务，急不得，也等不得，必须摆在更加重要的位置，脚踏实地，久久为功，向着这个目标作出更加积极有为的努力"①。

　　这一重要论述彰显了中国共产党人特有的清醒和理性、坚毅和定力，既是目的论，也是过程论，是目的论与过程论的有机统一。因此，必须坚持高质量发展促进共同富裕是硬道理。一方面

----

　　①　习近平：《论把握新发展阶段、贯彻新发展理念、构建新发展格局》，中央文献出版社 2021 年版，第 503 页。

科学设定不同阶段的发展目标，分阶段促进共同富裕，不断取得成效，积小胜为大胜；另一方面，促进共同富裕要遵循经济社会发展规律，统筹需要和可能，在持续不断"做大蛋糕"的基础上"分好蛋糕"。

曹立，中央党校（国家行政学院）经济学部副主任、教授

第 一 章 ｜ 共同富裕的思想渊源

实现共同富裕是人类追求美好生活的崇高社会理想，是人类文明演化的价值引领。从中国古代先贤们追求"大同社会""小康社会"到劳苦大众对"均贫富"的追求，到近代以来仁人志士为实现"民族复兴、国家富强"的多种尝试；从马克思恩格斯解析资本主义根本矛盾到追求实现共产主义的理论与实践探索，到社会主义革命与建设的磅礴实践，无不贯穿着对实现共同富裕的坚定信念。

一、古代中国先哲的财富思想和均富构想

在中国，共同富裕的追求古而有之，民本、小康、

大同、均贫富等，都体现了传统文化中的共同富裕思想。

（一）"养民富民"的民本思想

中国的传统民本思想由天命观转化而来，在春秋战国时期大发展，于秦朝后成熟。传统民本思想底蕴深厚，内涵丰富，在历史上发挥了缓解社会矛盾、促使统治者采取养民富民政策、优化古代官吏选拔标准等正面作用。[①]

"养民富民"是民本思想的一个重要内容。中国古代富民思想的起源很早，《尚书》已经出现"裕民""惠民"。

春秋战国时期，孔子主张"藏富与民""先富后教"，提出"庶之富之，教之"的理念，认为"百姓足，君孰与不足；百姓不足，君孰与足"；要"因民之所利而利之"。孟子提出了"恒产论"，即肯定劳动者对财富的占有，主张统治者要"轻徭薄赋"。荀子提出节用裕民、富国先富民的原则，把富民与富国统一起来。荀子认为发展生产是富民与富国的基础，通过"薄敛"做到"藏富于民"，在《荀子·富国》篇中，他认为"足国之道，节用裕民，而善臧其余。节用以礼，裕民以政"。只有"以政裕民"，国家才能兴盛富强。同时，要做到"节用"，保证社会财富的积累。至于财富的分配，荀子认为贫富有差，需要符合一定的标准，主张"贵贱有等，长幼有差，贫富轻重皆有所称"。[②] 管仲强调治国中富民的重

[①] 参见汤荣光、李嘉霖：《中华优秀传统文化的民本意蕴及其调适》，《山东省社会主义学院学报》2022 年第 1 期。

[②] 参见王彦峰：《春秋战国时期富民思想及现代启示》，《新西部（理论版）》2015 年第 22 期。

要性，提出："凡治国之道，必先富民，民富则易治也，民贫则难治也。""仓廪实则知礼节，衣食足则知荣辱。""治国常富，而乱国必贫。"①

西汉贾谊从"安天下"的理念出发，继承了先秦荀子等人的富民思想，认为"要在安民"，提出"富安天下"论。他在《论积贮疏》中赞同管子"仓廪实而知礼节"的唯物观点，认为要想安民，必须先使民富足起来，"民不足而可治者，自古及今，未之尝闻"。

北宋的王安石力图把国家利益和百姓利益统一起来，提出"常产富民"的主张，人民有常产则富，民富了国家才"有财贿可得而敛"，民"既富之然后善"，这样国家才容易治理，并推行一系列变法措施，对减轻农民负担、增加政府收入、调节社会贫富差距起到一定作用。

明清之际的启蒙思想家鉴于明亡的教训和工商业发展的社会现实，更为推崇富民思想。清代初期著名的思想家唐甄，提出"立国之道，惟在富民"的主张。认为只有民有所养，天下才有"治"的希望，所以治者必先富民、养民，"立国之道无他，惟在于富。自古未有国贫而可以为国者"。②

（二）"小康""大同"的理想社会

"大同"和"小康"分别代表了中国古代仁人志士向往的社会政治理想。其中，"大同"是最高层次的社会政治理想，"小康"则是比

---

① 《管子·治国》。

② 参见王卫平：《富民与养民：唐甄的社会保障思想》，《苏州大学学报（哲学社会科学版）》2015 年第 2 期。

较贴近现实的社会政治理想。①

"大同"最早文字出处来源于《尚书》，但是系统全面描述成一个理想社会来自于《礼记·礼运》。"大道之行也，天下为公。选贤与能，讲信修睦，故人不独亲其亲，不独子其子，使老有所终，壮有所用，幼有所长，矜、寡、孤、独、废疾者，皆有所养。男有分，女有归。货恶其弃于地也，不必藏于己；力恶其不出于身也，不必为己。是故谋闭而不兴，盗窃乱贼而不作，故外户而不闭，是谓大同。"②"大同"描绘了一个天下为人民所共有，人们选择贤能的人作领袖，人与人之间讲信守用、和睦相处的一个理想社会，但这个"天下为公"的大同世界，带有理想主义的色彩，在实践中难以实现。

"小康"最早文字出处来源于《诗经》，在《礼记·礼运》有更为详细的描述。"今大道既隐，天下为家。各亲其亲，各子其子，货力为己。大人世及以为礼，城郭沟池以为固。礼义以为纪，以正君臣，以笃父子，以睦兄弟，以和夫妇，以设制度，以立田里，以贤勇知，以功为己。故谋用是作，而兵由此起。禹、汤、文、武、成王、周公，由此其选也。此六君子者，未有不谨于礼者也。以著其义，以考其信，著有过，刑仁讲让，示民有常。如有不由此者，在执者去，众以为殃。是谓小康。"尽管在《礼记·礼运》中，"小康"是古代先贤在"大同"理想难以实现的情况下进行的修正和转化，但对于人民大众来说，物质生活无忧、社会比较安定平稳就是他们的期盼。所以，"小康"逐渐成为人民大众表达对富足生活的向往的一个通俗词语。

近代以来，为了挽救民族危机，探索民族复兴之路，先进的中

① 吴默闻、丁俊萍：《"大同""小康"在近现代中国的创造性转化》，《海南大学学报（人文社会科学版）》2017年第4期。

② 《礼记·礼运》。

国人向西方寻找真理，同时也借用了中国传统文化中"大同""小康"概念，并赋予其具有时代特征的新内涵。

（三）"均贫富"的不断追求

中国传统文化中的中庸之道衍生出"均贫富"思想，孔子《论语》中提出："丘也闻有国有家者，不患寡而患不均，不患贫而患不安。盖均无贫，和无寡，安无倾。"管子提出："夫民富则不可以禄使也，贫则不可以罚威也，法令之不行，万民之不治，贫富之不齐也"，"富能夺、贫能予、乃可以为天下"等，都体现着对过大贫富差距的反对。《韩非子》"论其赋税以均贫富"，认为赋税征课能调节贫富，但是反对以赋税征课来"均贫富"。

历代农民起义在反抗压迫剥削的斗争中也迸发出"均贫富"的思想火花。"均贫富"的口号首先出现于北宋年间的王小波、李顺起义中，旗帜鲜明地将"吾疾贫富不均，今为汝均之"作为口号。南宋钟相、杨幺农民起义提出"法分贵贱贫富，非善法也。我行法，当等贵贱，均贫富"。明末李自成提出"均田免赋"，即民歌中的"迎闯王，不纳粮"，契合了农民阶层对"均贫富"的心理期望。"均贫富"直接体现了农民对封建社会财富分配不均的抗议，表达了底层人民对富足生活的渴望。

二、近代中国仁人志士的国强民富思想

从 1840 年鸦片战争开始，由于西方列强的入侵，中国逐渐成为

半殖民地半封建社会，内忧外患、积贫积弱。中国有识之士以实现"民族复兴、国家富强"为梦想，经历了农民起义、君主立宪、资产阶级共和制等多种尝试，不断寻找中国富国强民的道路。

（一）农民阶级：太平天国《天朝田亩制度》

历代农民起义中都多少提及了"均平""均田赋"等思想，其重要原因就是当时作为重要生产要素的土地过于集中，且田赋不均，使得多数人无法保障温饱生活。

1851年洪秀全等发动的太平天国运动，是中国历史上旧式农民战争的高峰。太平天国组织了武装，建立了政权，颁布了纲领，战斗14年，纵横18省，攻占城镇600余座，削弱和动摇了腐朽的清朝统治。太平天国颁布的《天朝田亩制度》，充分反应了农民平均主义思想，明确提出"凡天下田，天下人同耕"的原则，规定把田地按好坏分成九等，在分配时好坏搭配，不分男女，十六岁以上的都可以分到一份，十五岁以下的减半，描绘了"有田同耕，有饭同食，有衣同穿，有钱同使，无处不均匀，无人不饱暖"的理想社会。

《天朝田亩制度》的根本宗旨是构建社会全体成员生产和消费完全平等的理想社会，但是分配上的绝对平均主义，政治上的专制集权主义，蕴含着农民所要求的平均主义思想，与社会演化发展的客观规律不一致，是一种空想意义上的共同富裕。

（二）封建统治阶层：洋务运动

经过两次鸦片战争的失败，以及太平天国的打击，清朝内外交困。为了解除内忧外患，实现富国强兵，19 世纪 60 年代到 90 年代，洋务派开始了"师夷长技以制夷"的洋务运动，以维护清朝统治。洋务运动以"自强""求富""中体西用"为主要指导思想，涉及军事、政治、经济、教育、外交等领域。①

洋务运动前期，以"自强"为旗号，引进西方先进生产技术，创办新式军事工业，训练新式陆军，建成北洋海军等近代国防力量。洋务运动后期，以"求富"为旗号，采用西方先进生产技术，兴办轮船、铁路、电报、邮政、采矿、纺织等各种新式民用工业，推动了中国民族工业的发展。同时，洋务运动开办新式学堂，给中国带来了新知识，促进了思想解放，冲击了传统的"重本抑末""重义轻利"等观念，有利于资本主义经济的发展。

洋务运动在封建制度内求强，是封建统治阶层的自救运动。历经 30 年，创办近代军事工业、民用工业、筹划海防、培养科技人才，最终因中日甲午战争的失败而告终，但是洋务运动在客观上促进了中国民族资本主义的产生与发展，也是中国近代化的开端。

（三）资产阶级改良派：康有为《大同书》

甲午战争失败后，1898 年，以康有为、梁启超为首的资产阶级维新派，为了挽救民族危亡和发展资本主义，掀起维新运动。康有为希望建立一个以"公"为核心的平等社会，幻想通过改良主义的方式改变中国命运。戊戌变法是近代中国的一次资产阶级性质的改良运动，为之后爆发的辛亥革命打下了思想基础。但维新变法的失败证

---

① 罗茗：《洋务运动两大代表人物经济思想研究》，《文化学刊》2021 年第 1 期。

明，在半殖民地半封建的旧中国，试图通过统治阶级走自上而下的改良道路是根本行不通的。

康有为深受儒家"大同"思想的影响，同时吸取了欧洲空想社会主义、资产阶级民主主义等西方思想，1901 年，康有为著《大同书》，描绘了"大同之世，天下为公，无有阶级，一切平等"的"大同世界"。具体来讲，在经济上，康有为主张实行公有制，在资源配置上，要求实行计划经济。在政治上，他提出民主政治思想。在社会结构上，他主张消灭剥削、消灭阶级，认为社会分层损害了人民的平等权，平等是公法所主张的自然权利。康有为坚定认为，唯有中国的大同思想，才能医治现实世界之道德败坏、贫富分化、弱肉强食、相互侵凌，清除资本主义的种种弊端，实现人类社会的美好理想。因为资本主义虽然创造了前此人类文明史上未曾有过的奇迹，但也造成了现实社会的种种矛盾和困境，因而只能是一种"升平世"。康有为的"大同"理想使中国传统"大同"理想走出了自然经济的眼界，在面向世界和面向未来中因思想家的创新表达而被赋予新的生命力。

（四）资产阶级革命派：孙中山民生主义的共同富裕思想

面对帝国主义列强的野蛮侵略和清王朝专制制度的腐朽统治，孙中山高扬民族民主革命的旗帜，投身民主革命事业，创立兴中会，发起成立同盟会，提出民族、民权、民生的三民主义，积极传播革命思想，广泛联合革命力量，为推进民主革命四处奔走、大声疾呼。他领导的辛亥革命，推翻了清王朝统治，建立了中华民国，结束了统治中国两千多年的君主专制制度，开创了完全意义上的近代民族民主革命，打开了中国进步的闸门，传播了民主共和理念，极大推动了中华民族思想解放，以巨大的震撼力和影响力推动了中国社会变革，使反动统治秩序再也无法稳定下来。

孙中山先生作为中国民主革命的伟大先驱，在从实践和理论层面深刻考察西方资本主义制度后提出的"民生主义"，蕴含了共同富裕的理念。十九世纪末，孙中山在英国考察中发现，英国的社会物质财富增值极快，但悬殊的贫富差距导致社会矛盾尖锐、社会冲突不断，广大民众并没有享受到物质高速发展的红利，反而愈加贫困。在借鉴欧美经验，大量阅读西方包括资产阶级思想在内的各种学说，设计了"天下为公""世界大同"的理想社会，设想通过"平均地权""节制资本""振兴实业"等手段，避免资本主义私有垄断而造成的各种社会问题，防止贫富两极分化。①

民生主义，孙中山曾解释为："民生主义，即贫富均等，不能以富等〔者〕压制贫者是也。"②"国民党之民生主义，其最要之原则不外二者：一曰平均地权；二曰节制资本。"③"所得富足的利益，不归少数人，有穷人、富人的大分别，要归多数人，大家都可以平均受益。"④ 孙中山"民生主义"无论是其节制资本还是平均地权，都是围绕着对"共同富裕"这一价值目标的追求进行主张的，目标是建设一个共同富裕的社会，这从孙中山对其民生主义的阐述中可见一斑。

具体来讲，近代中国作为一个农业国家，土地分配问题是根本，只有"平均地权"，才是解决民生问题的有效途径。孙中山主张通过"平均地权"的方式解决城市土地的公有问题，晚年把解决土地问题

---

① 参见渠昕燚：《毛泽东共同富裕思想研究》，湘潭大学硕士学位论文，2019 年。
② 《孙中山选集》，人民出版社 1981 年版，第 508 页。
③ 《孙中山选集》，人民出版社 1981 年版，第 593 页。
④ 《孙中山选集》，人民出版社 1981 年版，第 895 页。

的目光从城市转向农村，提出"耕者有其田"。"节制资本"包括节制私人资本、发达国家资本和利用外国资本三方面内容，其目的是避免国民经济命脉被垄断资本所掌握，所以要求凡是关系到国民经济命脉并对国计民生具有重要影响的行业（如金融、交通和能源等产业），必须由国家来经营管理。[①] 在节制资本的前提下，只有不断"振兴实业"，才能促进经济的持续发展，也才能为解决民生问题提供必要的物质基础。

由于历史条件的限制，孙中山没有能够将他的全部思想充分付诸实践，但孙中山民生主义思想的独创性和前瞻性越来越显现出来，例如兴办实业、开发西北等。孙中山民生主义思想中对共同富裕的理解和阐释，对当前中国特色社会主义共同富裕理论的丰富和发展有着重要的借鉴意义。

三、马克思恩格斯关于共同富裕的主要思想内涵

马克思恩格斯虽然没有直接使用"共同富裕"一词，但他们的著作中始终存在有关共同富裕的论述，为实现共同富裕提供理论基础。

（一）生产力的高度发展为实现共同富裕提供物质基础

马克思恩格斯认为共同富裕的前提是社会生产力的高度发达，这

---

① 参见韩喜平、宋浠睿：《新时代视域下孙中山民生主义评析》，《湖湘论坛》2020年第1期。

就将共同富裕理论奠定在唯物主义基石之上。1848 年《共产党宣言》中，马克思恩格斯指出："在共产主义社会里，已经积累起来的劳动只是扩大、丰富和提高工人的生活的一种手段。"①1978 年，恩格斯在《反杜林论》中也鲜明指出，未来社会通过实行生产资料归社会占有，就能够做到"通过社会生产，不仅可能保证一切社会成员有富足的和一天比一天充裕的物质生活，而且还可能保证他们的体力和智力获得充分的自由的发展和运用"②。

（二）要实现共同富裕必须消灭资本主义私有制

从生产力决定生产关系的基本原理出发。马克思恩格斯指出，要实现共同富裕，首先必须消灭资本主义私有制。因为私有制的废除将导致"由社会全体成员组成的共同联合体来共同地和有计划地利用生产力；把生产发展到能够满足所有人的需要的规模；结束牺牲一些人的利益来满足另一些人的需要的状况；彻底消灭阶级和阶级对立；通过消除旧的分工，通过产业教育、变换工种、所有人共同享受大家创造出来的福利，通过城乡的融合，使社会全体成员的才能得到全面发展"③。

将消灭私有制作为实现共同富裕的条件，是马克思恩格斯共同富裕思想的重要特色。只有在生产力发展到相当高的程度时才可能形成以公有制为基础的共产主义社会，只有共产主义社会，才能真正消灭了私有制，真正消灭了产生社会财富占有两极分化的社会结果，真正

---

① 《马克思恩格斯选集》第 1 卷，人民出版社 1995 年版，第 287 页。
② 《马克思恩格斯全集》第 25 卷，人民出版社 2001 年版，第 411 页。
③ 《马克思恩格斯选集》第 1 卷，人民出版社 1995 年版，第 243 页。

实现共同富裕。①

（三）共同富裕是未来共产主义社会的显著特征

在《1857—1858 年经济学手稿》中，马克思从扬弃资本主义剩余劳动的角度出发指出，在未来社会，工人群众成为自身创造的剩余劳动的占有者时，"社会生产力的发展将如此迅速，以致尽管生产将以所有的人富裕为目的，所有的人的可以自由支配的时间还是会增加。因为真正的财富就是所有个人的发达的生产力"②。这就指出，实现所有人的富裕是未来社会生产的目的。上述所指出的未来社会其基本要义就是全体社会成员的共同富裕。可见，实现共同富裕是未来共产主义社会的显著特征，未来社会生产的目的就是实现全体社会成员生活富裕。③

（四）共同富裕是实现人的自由全面发展的重要条件

促进人的自由全面发展是马克思恩格斯对共产主义社会的本质规定。马克思恩格斯在《共产党宣言》中鲜明指出，未来社会不同于以往旧社会的显著特征包括，"代替那存在着阶级和阶级对立的资产阶级旧社会的，将是这样一个联合体，在那里，每个人的自由发展是一切人的自由发展的条件"④，人的自由全面发展需要一定的社会物质

---

① 参见田莉：《马克思主义关于共同富裕的理论探索》，《管理观察》2016 年第 27 期。

② 《马克思恩格斯文集》第 8 卷，人民出版社 2009 年版，第 200 页。

③ 参见张端：《马克思恩格斯共同富裕思想及其中国化发展》，《中国井冈山干部学院报》2021 年第 2 期。

④ 《马克思恩格斯文集》第 2 卷，人民出版社 2009 年版，第 53 页。

条件。实现人的自由全面发展内在地含有全体社会成员共同富裕的意蕴，共同富裕为人的自由全面发展提供坚实的物质基础，只有在富裕的前提下，人的自由全面发展才有可能实现。

马克思恩格斯第一次将共同富裕的思想建立在唯物主义的哲学基础之上，并从政治经济学的角度对其进行了现实论证，为未来社会主义社会的基本特征描绘了一个初步的轮廓，由于历史条件限制，马恩的共同富裕思想也只是一个初生的萌芽。①

（执笔人：阎荣舟、靳萌萌）

---

① 参见宋立文：《马克思主义境域中"共同富裕"思想的历史发展脉络》，《甘肃理论学刊》2010 年第 1 期。

第 二 章 ｜ 共同富裕的百年探索

在新民主主义革命时期，中国各阶层为实现民族独立、人民解放不懈奋斗，探索救国救民的道路。在社会主义革命和建设时期，党领导人民坚持走社会主义道路，进行三大改造，将共同富裕作为社会主义建设的重要目标，迅速恢复经济、健全国民经济体系。改革开放和社会主义现代化建设新时期，党提出社会主义的本质就是要全国人民共同富裕，丰富和发展了共同富裕的内涵，确立了"先富带动后富，最终实现共同富裕"的路径。在中国特色社会主义新时代，中国共产党继续探索实现共同富裕的理论、方法、路径，不断完善制度保障、夯实物质基础，使共同富裕迈向新台阶。

一、新民主主义革命时期的探索（1919—1949 年）

新民主主义革命时期中国处于半殖民地半封建社会，中国共产党早期领导人在充分学习吸收的基础上，不断探索救国救民的行动方案，构建共同富裕的理想社会。

1919 年五四运动，是一次彻底的反帝反封建运动，促进了马克思主义在中国的传播，无产阶级在运动中发挥了巨大作用，广大人民群众发挥了巨大作用，是中国新民主主义革命的开端。

自 1921 年中国共产党诞生起，强调解放劳苦大众，使"耕者有其田"[①]，党提出了"消灭资本家私有制"的政治纲领。这一时期，中国共产党人对未来实现共同富裕的途径进行了最初的理论探讨，提出了实行生产资料公有和社会主义的分配原则等。

李大钊认为社会主义"不是使人尽富或皆贫，是使生产、消费、分配适合的发展，人人均能享受平均的供给，得最大的幸福"[②]。提出生产资料所有权要经历一个从私有到公有的过程，随后以集体的方式分配给劳动者个体进行使用，最终"使直接从事生产的人得和他劳工相等的份就是了"[③]。

蔡和森认为，"中国无产阶级领导资产阶级民权革命到底，就必不可免地要开始社会主义的转变"[④]。陈独秀提出社会主义讲求公平地

[①] 郭晗、任保平：《中国式现代化进程中的共同富裕：实践历程与路径选择》，《改革》2000 年第 7 期。

[②] 《李大钊文集》下卷，人民出版社 1984 年版，第 375 页。

[③] 《李大钊全集》第三卷，人民出版社 2006 年版，第 15—51 页。

[④] 《蔡和森文集》，人民出版社 1980 年版，第 795 页。

分配产品，但不是"均贫富"，其目的是克服剥削的产业和铲除剥削的阶级，以解放受压迫的无产阶级人民，并非农业社会主义理想模式的"不患寡而患不均"；他也指出，社会主义制度的建立需要经历一个较长的过程，"中国共产党都不曾幻想中国马上就能够实行共产主义的生产和分配制度"。

从建党之初到新中国成立，以毛泽东同志为主要代表的中国共产党人，积累了攻坚绝对贫困的经验，对共同富裕问题作了深入的探索。

毛泽东在 1927 年发表的《湖南农民运动考察报告》中指出了解决农民土地问题的紧迫性。

在土地革命时期，中国共产党区域性地开展了土地改革，并颁布了一系列相关法规，如 1928 年井冈山《土地法》、1929 年兴国县《土地法》、1931 年《中华苏维埃共和国土地法》《土地登记法》，"打土豪、分田地""耕者有其田"，成为实现共同富裕的早期实践。①

抗日战争期间，中国共产党站在鲜明的无产阶级立场，带领广大无产阶级摆脱阶级压迫，改善生活状况，为共同富裕采取了实质性措施。党对富贵豪强阶层进行打击和抑制，重点是缩小人民收入差距。这一做法使中国共产党受到了广大中下层人民的拥戴，革命力量迅速壮大。

解放战争时期，中国共产党在解放区采取了有利于生产发展的土地政策和工商业政策，1947 年中共中央正式公布施行《中国土地法大纲》，规定"废除封建性及半封建性剥削的土地制度，实行耕者有

①　参见阳芳、刘慧敏：《社会主义共同富裕的历史逻辑、理论逻辑与实践逻辑》，《湖北大学学报（哲学社会科学版）》2022 年第 3 期。

其田的土地制度"。使贫苦农民获得了生产必需的土地。

二、社会主义革命和建设时期的探索（1949—1978 年）

1949 年新中国成立后，如何使全中国人民共同富裕起来，过上幸福美好的生活，是中国共产党人的最高追求。在社会主义革命和建设时期，我国在马克思列宁主义理论基础上，借鉴苏联经验，结合中国经济社会发展的现实状况，提出了"共同富裕"，并不断探索和发展。

（一）首次提出"共同富裕"概念

1953 年，党内开始酝酿向社会主义过渡的问题，这年 10 月，毛泽东首次明确提出了党在过渡时期的总路线，与此同时，作为向社会主义过渡的第一步，毛泽东两次发表谈话，要求加快农业合作化的进程，并亲自领导主持了《中共中央关于发展农业生产合作社的决议》的起草。1953 年 12 月 16 日中共中央通过《中国共产党中央委员会关于发展农业生产合作社的决议》①，这是党的正规文献中首次提出"共同富裕"概念，毛泽东是马克思主义"共同富裕"概念的原创者。《决议》提出："党在农村中工作的最根本的任务，就是要善于用明白易懂而为农民所能够接受的道理和办法去教育和促进农民群众逐步联合组织起来，逐步实行农业的社会主义改造，使农业能够由落后的小规模生

---

① 参见《中国共产党中央委员会关于发展农业生产合作社的决议》，《人民日报》1954 年 1 月 9 日。

产的个体经济变为先进的大规模生产的合作经济，以便逐步克服工业和农业这两个经济部门发展不相适应的矛盾，并使农民能够逐步完全摆脱贫困的状况而取得共同富裕和普遍繁荣的生活。"此后，"共同富裕"以此作为概念和理论命题逐步传播开来。"共同富裕"的概念在《决议》中出现，决非偶然，它表明，在中国社会主义的进程一开始就与"共同富裕"紧密相连。

（二）毛泽东对共同富裕的开创性探索

1. 共同富裕必须走社会主义道路

1955 年 10 月 11 日毛泽东作了《关于农业合作化和资本主义工商业改造的关系问题》的报告，指出："如果我们没有新东西给农民，不能帮助农民提高生产力，增加收入，共同富裕起来，那些穷的就不相信我们，他们会觉得跟共产党走没有意思，分了土地还是穷，他们为什么要跟你走呀？……要巩固工农联盟，我们就得领导农民走社会主义道路，使农民群众共同富裕起来，穷的要富裕，所有农民都要富裕，并且富裕的程度要大大地超过现在的富裕农民。"①

2. 共同富裕是一个循序渐进的过程

1955 年 10 月 29 日，毛泽东在资本主义工商业社会主义改造问题座谈会上的讲话中指出："我们还是一个农业国。在农业国的基础上，是谈不上什么强的，也谈不上什么富的。但是，现在我们实行这么一种制度，这么一种计划，是可以一年一年走向更富更强的，一年

---

① 《建国以来重要文献选编》第 7 册，中央文献出版社 1993 年版，第 308 页。

一年可以看到更富更强些。而这个富，是共同的富，这个强，是共同的强……这种共同富裕，是有把握的，不是什么今天不晓得明天的事。"①

3. 共同富裕包含消灭剥削，消除两极分化

以毛泽东同志为主要代表的中国共产党人基于对旧制度下国家长期积弱积贫、社会极端贫富分化、人民群众深度贫困的深刻反思，在对农业、手工业、资本主义工商业进行社会主义改造中，探索建立社会主义经济制度，提出"共同富裕"的奋斗目标。1953 年 12 月，毛泽东在主持制定《中国共产党中央委员会关于发展农业生产合作社的决议》时，提出"逐步实行农业的社会主义改造，使农业能够由落后的小规模生产的个体经济变为先进的大规模生产的合作经济，以便逐步克服工业和农业这两个经济部门发展不相适应的矛盾，并使农民能够逐步完全摆脱贫困的状况而取得共同富裕和普遍繁荣的生活"②。

4. 共同富裕的实现途径是农业生产合作社

农村生产合作社在实现农民共同富裕中发挥着重要的作用，"就农业来说，社会主义道路是我们农业的唯一道路，发展互助合作运动，不断提高农业生产力，这是党在农村的工作中心"③。

1956 年，三大改造的完成，在计划经济管理体制下，城市全面实行了公有制经济，农村实行了人民公社制度，为共同富裕的初步探索奠定了坚实的制度基础。

---

① 《毛泽东文集》第六卷，人民出版社 1999 年版，第 495—496 页。
② 《建国以来重要文献选编》第 4 册，中央文献出版社 1993 年版，第 662 页。
③ 《毛泽东年谱》第二卷，中央文献出版社 2013 年版，第 116 页。

三、改革开放和社会主义现代化建设新时期的探索（1978—2012 年）

1978 年，党的十一届三中全会胜利召开，共同富裕的理论和实践探索进入新的发展阶段。"中国正处于并将长期处于社会主义初级阶段"这一论断明确了共同富裕理论创新的历史前提，社会主义市场经济改革目标的确立为我国探索共同富裕的发展道路提出了新的制度框架。在这一背景下，中国特色社会主义共同富裕思想实现了与时俱进的发展创新，形成了系统的理论体系。

（一）邓小平对共同富裕的丰富和发展

邓小平对共同富裕论述在继承和发展毛泽东思想的基础上，结合了时代发展的需要，创造性地提出"先富带动后富，最终实现共同富裕"的中国特色社会主义现实路径。

1. 首次将共同富裕定位为社会主义本质

党的十一届三中全会以后，在农村推行家庭联产承包责任制，在城市发展商品经济。同时，实行对外开放，建立经济特区，鼓励东部沿海有条件的地区率先实现现代化。这些措施极大地促进了中国经济的发展，但收入差距加大、贫富不均的问题引起了人们的高度关注。两极分化的情况会不会出现，中国会不会因此走向资本主义的道路？在回答这些问题的过程中，邓小平更高地举起了"共同富裕"的旗帜，并将其确立为社会主义的本质特征。

1985 年，邓小平就指出："社会主义的目的就是要全国人民共同富裕，不是两极分化。如果我们的政策导致两极分化，我们就失败了；如果产生了什么新的资产阶级，那我们就真是走了邪路了。"①

1992 年南方谈话时，邓小平把社会主义本质概括为"社会主义的本质，是解放生产力，发展生产力，消灭剥削，消除两极分化，最终达到共同富裕"②。

2. 共同富裕战略部署"三步走"

"三步走"发展战略是邓小平立足于当时我国正处于社会主义初级阶段，还是一个经济基础薄弱、区域间经济发展不平衡、人口众多的国家，从实际情况出发，我国想要实现共同富裕的目标就必须经历一个较长的历史过程和动态的发展阶段，从而提出了"三步走"发展战略。1987 年，党的十三大对"三步走"发展战略进行了明确阐释。从经济发展目标来看，是国民生产总值的不断翻番直至达到中等发达国家水平；从改善人民生活层面来看，是从基本的解决温饱问题开始到人民生活比较富裕。由此可见，邓小平所构想的中国实现共同富裕历史进程表是阶梯式发展的，稳步推进，使广大人民群众能够真切感受到共同富裕这个最终目标的可实现性。

"三步走"发展战略的确立，使得中华民族在追求共同富裕这一目标的道路上，有了清晰而切实的战略步骤，既体现豪情壮志又强有力地凝聚了中华民族的向心力和认同感。按照"三步走"发展战略的规划，我国解决了当时中国几亿人民的基本生活及温饱问题，实现了第一步

---

① 《邓小平文选》第三卷，人民出版社 1993 年版，第 110—111 页。
② 《邓小平文选》第三卷，人民出版社 1993 年版，第 373 页。

发展战略目标，为顺利进行第二步、第三步奠定了坚实的基础。

3. 共同富裕的路径是"先富带后富"

邓小平在总结历史教训和重新审视国际形势后，果断摒弃了之前的平均主义的做法，共同富裕并非同时富裕、均等富裕，面对复杂的中国国情、地区城乡之间的显著差异，在 1978 年 12 月中央工作会议上提出了"在经济政策上，我认为要允许一部分地区、一部分企业、一部分工人农民，由于辛勤努力成绩大而收入多一些，生活先好起来"①，这是邓小平先富帮后富非均衡发展战略的最初表述。

4. 共同富裕需要以经济发展为先导

共同富裕的实现需要解放生产力，发展生产力。因此，为实现共同富裕，推行改革开放特别是经济体制改革的方略布局是必不可少的。邓小平决定改革开放的根本动因是全体中国人民的共同富裕，判断改革开放的成功与否，也要看共同富裕的实现程度。

邓小平强调："我们在改革中坚持了两条，一条是公有制经济始终占主体地位，一条是发展经济要走共同富裕的道路，始终避免两极分化。"② 也就是说，共同富裕目标的实现，需要健全的经济体制作为保障，包括社会主义市场经济体制、社会主义初级阶段的基本经济制度和分配制度、社会保障制度。首先，社会主义市场经济体制是实践证明的最有效率的配置资源的方式，可以促进社会中整体资源的合理流动，调动人民的生产积极性。其次，生产资料公有制为主体，多种

① 《邓小平文集》第二卷，人民出版社 1994 年版，第 152 页。
② 《邓小平文选》第三卷，人民出版社 1993 年版，第 149 页。

所有制经济共同发展的基本经济制度及相应的收入分配制度是实现共同富裕的前提，其代表的社会财富分配方式体现了全体社会成员在占有生产资料过程中的平等，也为每个人提供了公平公正的求富致富机会，能够消除两极分化，为共同富裕提供现实可能。最后，多层次的社会保障体系可以在一定程度上缩小社会收入差距，促进社会稳定发展，是经济体制改革中的关键一环。

40 多年的改革开放，我国经济体制不断完善，基本经济制度已经建立，国有资本在重要行业和关键领域中占有优势和控制地位，现代化经济体制初步建成，社会保障体系覆盖全民，逐步健全。我国发展水平迈上新台阶，为实现共同富裕迈出坚实一步。

5. 共同富裕是物质生活和精神生活的共同富裕

自党的十一届三中全会后，邓小平就一直强调社会主义中国是物质文明和精神文明一起发展，"在社会主义国家，一个真正的马克思主义政党在执政以后，一定要致力于发展生产力，并在这个基础上逐步提高人民的生活水平。这就是建设物质文明。……与此同时，还要建设社会主义精神文明，最根本的是要使广大人民有共产主义的理想，有道德，有文化，守纪律。国际主义、爱国主义都属于精神文明的范畴"①。"不加强精神文明的建设，物质文明的建设也要受破坏，走弯路。光靠物质条件，我们的革命和建设都不可能胜利。"② 邓小平认为共同富裕作为社会主义最大优越性的体现，需要物质文明和精神文明的共同发展。③

---

① 《邓小平文选》第三卷，人民出版社 1993 年版，第 28 页。

② 《邓小平文选》第三卷，人民出版社 1993 年版，第 144 页。

③ 参见蒙慧、赵一琛：《习近平对邓小平共同富裕思想的继承与创新》，《理论建设》2021 年第 4 期。

（二）江泽民对共同富裕的新探索

20 世纪 90 年代面临新的国内外环境。国际上，东欧剧变，苏联解体，世界社会主义运动陷入空前低潮，而发达资本主义国家呈现出相对稳定和快速发展的势头；国内，随着发展速度不断加快，区域之间的贫富差距逐渐扩大，避免两极分化成为共同富裕道路上"先富"向"共富"转变的重要问题。

1. 提出"发展是党执政兴国的第一要务"

江泽民提出了"发展是党执政兴国的第一要务"的论断，进一步发展了邓小平"发展才是硬道理"的论述。

江泽民提出"发展是党执政兴国的第一要务"的论断，是根据中国共产党对社会主义建设时期的执政规律认识不断深化而提出的。作为执政党，只有不断发展社会生产力，不断提高人民生活水平，不断推动社会进步，才能得到民心，才能持久稳固地执政下去。作为执政党如果不能做到这一点，最终会被人民所抛弃，苏联共产党就是前车之鉴。改革开放的历史实践证明，在中国共产党领导下，我国综合国力大幅度跃升，人民生活水平不断得到提高，国际影响力不断扩大，民族凝聚力不断增强。这就充分证明，中国共产党只有把发展作为党执政兴国的第一要务，才能够得到全体人民衷心的拥护和支持，党执政的群众基础才能够得到进一步巩固和发展。

2. 提出实现共同富裕目标的新"三步走"战略

为了更好地实现第三步战略目标，根据邓小平关于有步骤、分阶段地实现我国现代化的战略构想，江泽民在 1997 年党的十五大报告中，把 1987 年党的十三大报告中所提出的"三步走"战略中的第三步进一步具体化，提出了新的"三步走"战略。[①] 按照当时发展水平，具体指标是：第一步，2001—2010 年，第一个十年的目标是形成比较完善的社会主义市场经济体制。实现国民生产总值比 2000 年翻一番，人均国民生产总值达到 2000 美元左右，使人民的小康生活更加宽裕，形成比较完善的社会主义市场经济体制。第二步，2011—2020 年，即第二个十年的目标是基本建成全面小康社会。到建党一百年时，实现国民生产总值比 2000 年翻两番，人均国民生产总值达到 3000 美元左右，使国民经济更加发展，各项制度更加完善。第三步，即到 21 世纪中叶的目标是基本实现现代化。到新中国成立一百年时，人均国民生产总值达到 4000 美元，基本实现现代化，建成富强民主文明和谐的社会主义国家。新"三步走"战略使 1987 年党的十三大报告所提出的"三步走"战略中的第三步 50 年左右的目标更加具体明确。

3. 提出效率优先、兼顾公平

伴随经济社会的快速发展，贫富差距不断增大成为新的问题。

1992 年，在党的第十四次全国代表大会上提出了建立社会主义市场经济体制的改革目标。建立社会主义市场经济体制，就是为了进一步解放和发展生产力，促进经济的快速发展。在提出建立社会主义市场经济体制的同时，党的第三代中央领导集体对如何在提高效率的前提下更好地实现社会公平也作出了新的规划。

1993 年，党的十四届三中全会通过了《关于建立社会主义市场

---

① 参见江泽民：《高举邓小平理论伟大旗帜 把建设有中国特色社会主义事业全面推向二十一世纪——在中国共产党第十五次全国代表大会上的报告》，人民出版社 1997 年版。

经济体制若干问题的决定》，对效率与公平的问题作出了进一步的阐述："建立以按劳分配为主体，效率优先、兼顾公平的收入分配制度，鼓励一部分地区一部分人先富起来，走共同富裕的道路。"①

1998 年，在党的十一届三中全会召开 20 周年之际，江泽民总结国内外经验，对更好地实现社会公平和共同富裕的问题作出了这样的阐述："在整个改革开放和现代化建设的过程中，都要努力使工人、农民、知识分子和其他群众共同享受到经济社会发展的成果。"②共享成果，实际上是现阶段实现共同富裕的最基本要求。

4.提出区域经济协调发展，实施西部大开发战略

江泽民指出："为了逐步实现共同富裕的目标，国家对中西部经济不发达地区采取积极扶持的政策。"③"解决地区发展差距，坚持区域经济协调发展，是今后改革和发展的一项战略任务。"④ 在 1999 年 6 月召开的全国扶贫开发工作会议上，江泽民提出："在继续加快东部沿海地区发展的同时，必须不失时机地加快中西部地区的发展。从现在起，这要作为党和国家一项重大的战略任务，摆到更加突出的位置。"⑤1999 年 9 月，党的十五届四中全会将实施西部大开发战略写入《中共中央关于国有企业改革和发展若干重大问题的决定》。

---

① 《中共中央关于建立社会主义市场经济体制若干问题的决定》，人民出版社 1993 年版，第 38 页。

② 《江泽民文选》第二卷，人民出版社 2006 年版，第 262 页。

③ 江泽民：《在中国共产党第十四届中央委员会第三次全体会议上的讲话》，人民出版社 1994 年版，第 9 页。

④ 《江泽民文选》第一卷，人民出版社 2006 年版，第 466 页。

⑤ 中共中央文献研究室编：《江泽民论有中国特色社会主义（专题摘编）》，中央文献出版社 2002 年版，第 176—177 页。

坚持区域经济协调发展，实施西部大开发战略，极大地拓展了共同富裕的发展道路，必将促进东中西部地区的协调发展，加快全国人民共同富裕的发展步伐。

（三）胡锦涛对共同富裕的新认识

胡锦涛提出了"以人为本"的科学发展观等一系列重大战略思想，极大地丰富了"共同富裕"的内涵。

1."以人为本"的共同富裕

为了更好地让全体人民共享经济社会发展的成果，胡锦涛还提出了构建社会主义和谐社会的命题。在胡锦涛看来，共同富裕是"以人为本"的共同富裕，是"协调发展"的共同富裕，是"全面"性的共同富裕。在处理效率与公平的问题上，胡锦涛强调效率与公平并重，把维护社会公平实现共同富裕放到了更加突出的位置。他认为，实现社会公平正义是中国特色社会主义的内在要求，实现公平正义才能促进社会和谐，坚持效率和公平的有机结合才能更好地体现社会主义的本质。

2.继续协调区域发展不平衡问题

2002年后，以胡锦涛同志为主要代表的中国共产党人为了更好地解决区域之间的收入差距拉大问题，在西部大开发战略的基础上，继续贯彻邓小平关于先富的地区带动和帮助后富的地区，逐步实现共同富裕的战略构想，于2003年提出了全面振兴东北等老工业基地，2004年提出了中部崛起战略，在2011年的"十二五"规划纲要中提出了区域发展总体战略，为实现全国人民的共同富裕打下坚实的基础。

3.提出了社会主义新农村建设的思想

20 世纪 90 年代中期是我国进入以市场经济体制为目标的经济体制改革新时期，农村的发展日益滞后，城乡收入差距日益拉大，出现了所谓"农业、农村、农民"问题（"三农"问题）。胡锦涛指出："实现发展成果由人民共享，必须实现好、维护好、发展好占我国人口大多数的农民群众的根本利益。"① 为了解决"三农"问题，缩小城乡之间的发展差距，2005 年 10 月，中国共产党十六届五中全会通过的《中共中央关于制定国民经济和社会发展第十一个五年规划的建议》中，提出了"要按照生产发展、生活宽裕、乡风文明、村容整洁、管理民主的要求，坚持从各地实际出发，尊重农民意愿，扎实稳步推进新农村建设"的建议。在新时期，该建议进一步丰富和发展了党的各个时期农村共同富裕的思想。

4.共同富裕应坚持效率与公平并重

社会主义之所以比资本主义优越，并不仅仅在于社会主义能够更快更好地发展生产力，更在于社会主义能够消除资本主义制度和其他剥削制度条件下所产生的剥削、贫富分化等各种不公平现象。因此，胡锦涛强调："在促进发展的同时，把维护社会公平放到更加突出的位置，综合运用多种手段，依法逐步建立以权利公平、机会公平、规则公平、分配公平为主要内容的社会公平保障体系，使全体人民共享改革发展成果，使全体人民朝着共同富裕的方向稳步前进。"② 为了更好地让全体人民共享经济社会发展的成果，胡锦涛还提出了构建社会

---

① 中共中央文献研究室编：《十六大以来重要文献选编》下，中央文献出版社 2008 年版，第 277 页。

② 《胡锦涛文选》第二卷，人民出版社 2016 年版，第 291 页。

主义和谐社会的命题。在胡锦涛看来，共同富裕是"以人为本"的共同富裕，是"协调发展"的共同富裕，是"全面"性的共同富裕。在处理效率与公平的问题上，胡锦涛强调效率与公平并重，把维护社会公平实现共同富裕放到了更加突出的位置。

四、中国特色社会主义新时代以来的探索（2012 年至今）

党的十八大以来，中国特色社会主义进入了新时代，党中央把逐步实现全体人民共同富裕摆在了更加重要的位置上，对新时代共同富裕的实现道路进行了新的探索。习近平总书记继承和发扬共同富裕在五千年中华文明史、马克思主义发展史和百年党史中的思想精髓，围绕共同富裕作出了一系列深刻、准确、全面的论述，对共同富裕作出新的理论阐释和战略部署。

（一）坚持从社会主义本质阐释共同富裕

习近平总书记围绕着社会主义的制度属性方面对共同富裕进行了多方位论述。2012 年 12 月，习近平总书记在河北省阜平县考察扶贫开发工作时指出："消除贫困、改善民生、实现共同富裕，是社会主义的本质要求。"[1]2016 年 1 月，习近平总书记在省部级主要领导干部学习贯彻党的十八届五中全会精神专题研讨班上的讲话中指出："共同富裕，是马克思主义的一个基本目标，也是自古以来我国人民的一个基

---

[1] 《习近平谈治国理政》第一卷，外文出版社 2018 年版，第 189 页。

本理想。"①2021 年 1 月，习近平总书记在省部级主要领导干部学习贯彻党的十九届五中全会精神专题研讨班上的讲话中指出："实现共同富裕不仅是经济问题，而且是关系党的执政基础的重大政治问题。"② 将共同富裕作为社会主义的本质要求，关键在于富裕的群体范围。③ 我国推进的共同富裕是全体人民的共同富裕，而不是部分人、少数人。我国在制度上之所以能够保证全民性这一点，根本上是由公有制生产关系所决定的，这也正是我国在制度属性上的先天优势所在。

（二）作出"已经到了扎实推动共同富裕的历史阶段"④ 的重要论断

党的十八大以来，国家经济实力、科技实力、综合国力跃上新台阶，随着脱贫攻坚任务的完成，我们党带领全体中国人民全面建成了小康社会，为迈向共同富裕打下了牢固的经济基础。2021 年 7 月 1 日，在庆祝中国共产党成立 100 周年大会上，习近平总书记庄严宣告"全面建成了小康社会"，强调新的征程上"推动人的全面发展、全体人民共同富裕取得更为明显的实质性进展"⑤。2021 年 8 月，习近平总书记在中央财经委员会第十次会议上作出我国现在"已经到了扎实推动

---

① 习近平：《在省部级主要领导干部学习贯彻党的十八届五中全会精神专题研讨班上的讲话》，人民出版社 2016 年版，第 25 页。

② 习近平：《把握新发展阶段，贯彻新发展理念，构建新发展格局》，《求是》2021 年第 9 期。

③ 参见刘晋祎：《习近平总书记关于共同富裕重要论述的脉络主线与实践逻辑》，《辽宁省社会主义学院学报》2021 年第 3 期。

④ 《习近平谈治国理政》第四卷，外文出版社 2022 年版，第 141 页。

⑤ 习近平：《在庆祝中国共产党成立 100 周年大会上的讲话》，《求是》2021 年第 14 期。

共同富裕的历史阶段"的重大判断，强调要"坚持以人民为中心的发展思想，在高质量发展中促进共同富裕"①。

习近平总书记在 2021 年中央财经委员会第十次会议中强调，不能做超越阶段的事情，要"深入研究不同阶段的目标，分阶段促进共同富裕"。立足新发展阶段，并展望"十四五"末、2035 年、本世纪中叶三个阶段，制定分阶段目标，"到本世纪中叶，全体人民共同富裕基本实现"，同时提出"要抓紧制定促进共同富裕行动纲要，提出科学可行、符合国情的指标体系和考核评估办法"。②

（三）提出"中国式现代化是全体人民共同富裕的现代化"

2022 年 10 月 16 日，习近平总书记在党的二十大上强调"中国式现代化是全体人民共同富裕的现代化"③。在全面建成小康社会之后，我国踏入了建设社会主义现代化国家的新征程。中国式现代化既有与其他国家现代化的共性目标，也有自身的特定目标。我国的现代化是全体人民实现共同富裕的现代化，这就是我国现代化与西方现代化的重要区别所在。习近平总书记将共同富裕作为中国式现代化的重要特征，极大地丰富了中国式现代化的独特内涵。

共同富裕体现了中国式现代化的本质要求，没有共同富裕，就不是中国式现代化。中国式现代化是人口规模巨大的现代化，依托

---

① 习近平：《扎实推动共同富裕》，《求是》2021 年第 20 期。

② 习近平：《扎实推动共同富裕》，《求是》2021 年第 20 期。

③ 习近平：《高举中国特色社会主义伟大旗帜　为全面建设社会主义现代化国家而团结奋斗——在中国共产党第二十次全国代表大会上的报告》，人民出版社 2022 年版，第 22 页。

中国式现代化道路，大力发展社会主义社会生产力，持续把经济"蛋糕"做大，为实现全体人民共同富裕提供更加雄厚的物质基础。中国式现代化是全体人民共同富裕的现代化，党的二十大报告指出"着力维护和促进社会公平正义，着力促进全体人民共同富裕，坚决防止两极分化"①。沿着中国式现代化新道路实现全体人民共同富裕，必须作出一系列战略性制度安排，把做大的"蛋糕"分好。共同富裕是在做大"蛋糕"的基础上分好"蛋糕"，是效率与公平、发展与共享的辩证统一。

（四）建立示范区为共同富裕打造现实样板

2021年5月《中共中央　国务院关于支持浙江高质量发展建设共同富裕示范区的意见》发布，7月《浙江高质量发展建设共同富裕示范区实施方案（2021—2025年)》正式发布，选取浙江省先行先试，为促进共同富裕探索路径、积累经验、打造样板，共同富裕进入体系化探索阶段。

有关共同富裕的表述详见表2-1。

表2-1　"共同富裕"表述（2012年至今）

时间	文件／会议名称	要点
2012年11月15日	十八届中共中央政治局常委同中外记者见面	坚定不移走共同富裕的道路

---

① 习近平：《高举中国特色社会主义伟大旗帜　为全面建设社会主义现代化国家而团结奋斗——在中国共产党第二十次全国代表大会上的报告》，人民出版社2022年版，第22页。

续表

时间	文件 / 会议名称	要点
2012年12月29日至30日	《在河北省阜平县考察扶贫开发工作时的讲话》	以此为起点，习近平总书记作出向贫困宣战的战略部署，向全党全国发出了新时代脱贫攻坚的动员令
2015年10月29日	《在党的十八届五中全会第二次全体会议上的讲话》	使全体人民朝着共同富裕方向稳步前进
2017年10月18日	《决胜全面建成小康社会 夺取新时代中国特色社会主义伟大胜利——在中国共产党第十九次全国代表大会上的报告》	为实现第二个百年奋斗目标作出了两个15年的战略安排，两个阶段都对推进共同富裕提出了具体的要求
2020年10月29日	《中共中央关于制定国民经济和社会发展第十四个五年规划和二〇三五年远景目标的建议》	提出了"全体人民共同富裕取得更为明显的实质性进展"的目标 把"全体人民共同富裕迈出坚实步伐"列入"十四五"时期经济社会发展主要目标
2021年1月11日	《在省部级主要领导干部学习贯彻党的十九届五中全会精神专题研讨班开班式上的讲话》	实现共同富裕不仅是经济问题，而且是关系党的执政基础的重大政治问题
2021年1月28日	《在十九届中央政治局第二十七次集体学习时的讲话》	促进全体人民共同富裕是一项长期任务，也是一项现实任务，必须摆在更加重要的位置，脚踏实地，久久为功，向着这个目标作出更加积极有为的努力
2021年6月	《中共中央 国务院关于支持浙江高质量发展建设共同富裕示范区的意见》	选取浙江省先行先试，为全国其他地方促进共同富裕探索路径、积累经验、提供示范
2021年7月1日	庆祝中国共产党成立100周年大会	习近平总书记庄严宣告"全面建成了小康社会"，强调新的征程上，"推动人的全面发展、全体人民共同富裕取得更为明显的实质性进展"

续表

时间	文件 / 会议名称	要点
2021 年 8 月 17 日	中央财经委员会第十次会议	作出我国现在"已经到了扎实推动共同富裕的历史阶段"的重大判断，深刻阐明促进共同富裕要把握好的原则和总体思路
2021 年 10 月 9 日	《习近平总书记在纪念辛亥革命 110 周年大会上的讲话》	不断满足人民过上美好生活的新期待，不断推进全体人民共同富裕
2021 年 12 月 8 日	《在中央经济工作会议上的讲话》	要正确认识和把握实现共同富裕的战略目标和实践途径。在我国社会主义制度下，既要不断解放和发展社会生产力，不断创造和积累社会财富，又要防止两极分化
2022 年 10 月 16 日	《高举中国特色社会主义伟大旗帜　为全面建设社会主义现代化国家而团结奋斗——在中国共产党第二十次全国代表大会上的报告》	中国式现代化是全体人民共同富裕的现代化

（执笔人：阎荣舟、靳萌萌）

第 三 章 | 共同富裕的理论逻辑

共同富裕是社会主义的本质要求，是中国式现代化的重要特征，是全体人民共同富裕，是人民群众物质生活和精神生活都富裕。党的十八大以来，党中央把握发展阶段新变化，把逐步实现全体人民共同富裕摆在更加重要的位置上，坚持以人民为中心的发展思想，在高质量发展中促进共同富裕。

一、共同富裕是社会主义的本质要求

马克思和恩格斯指出："过去的一切运动都是少数人的，或者为少数人谋利益的运动。无产阶级的运动是绝大多数人的，为绝大多数人谋利益的独立的运动。"① 共产党有自己的政治经济纲领，其最高的纲领是实现共产主义。共产党人有马克思主义信念，有共产主义信念，干的是社会主义事业，最终目的是实现共产主义。马克思和恩格斯所设想的未来的共产主义社会应该实现共同富裕，应该具有高度发展的社会生产力，能够在满足全体社会成员物质和精神需求的基础上实现人的全面发展。

中国共产党人始终坚持共产主义的理想。中国共产党的一切经济政策，就是为了发展社会主义经济，实现共同富裕的目标。在这个问题上，中国共产党历代领导人有着一以贯之的思想和理论。毛泽东历来重视经济建设工作、人民生活水平的提高和全体人民的共同富裕。"共同富裕"概念最早出现于中央文件是在 1953 年。② 但早在革命战争时期，毛泽东就高度重视经济工作，他讲道："如果不进行经济建设，革命战争的物质条件就不能有保障，人民在长期的战争中就会感觉疲惫。"③ 在《关心群众生活，注意工作方法》一文中，毛泽东写道："解决群众的穿衣问题，吃饭问题，住房问题，柴米油盐问题，疾病卫生问题，婚姻问题。总之，一切群众的实际生活问题，都是我们应当注意的问题。假如我们对这些问题注意了，解决了，满足了群众的需要，我们就真正成了群众生活的组织者，群众就会真正围绕在我们的周围，热烈地拥护我们。"④

社会主义的本质，是解放生产力，发展生产力，消灭剥削，消除

---

① 《共产党宣言》，人民出版社 2014 年版，第 39 页。

② 1953 年 12 月中央通过了《中共中央关于发展农业生产合作社的决议》，指出"要使农民能够逐步完全摆脱贫困的状况而取得共同富裕和普遍繁荣的生活"。

③ 《毛泽东选集》第一卷，人民出版社 1991 年版，第 119—120 页。

④ 《毛泽东选集》第一卷，人民出版社 1991 年版，第 136—137 页。

两极分化，最终达到共同富裕。邓小平从社会主义本质的角度来看共同富裕。他讲道："社会主义不是少数人富起来、大多数人穷，不是那个样子。社会主义最大的优越性就是共同富裕，这是体现社会主义本质的一个东西"①，"社会主义的目的就是要全国人民共同富裕，不是两极分化。如果我们的政策导致两极分化，我们就失败了；如果产生了什么新的资产阶级，那我们就真是走了邪路了"②。因此，共同富裕是社会主义必须要坚持的根本原则，共产主义是将来一定要实现的目标。社会主义与资本主义不同的特点就是共同富裕，不搞两极分化。如果富的愈来愈富，穷的愈来愈穷，两极分化就会产生，而社会主义制度就应该而且能够避免两极分化。邓小平曾讲过："坚持社会主义的发展方向，就要肯定社会主义的根本任务是发展生产力，逐步摆脱贫穷，使国家富强起来，使人民生活得到改善。没有贫穷的社会主义。社会主义的特点不是穷，而是富，但这种富是人民共同富裕。"③实现共同富裕，只能靠不断地发展生产力。就我国的实际情况来看，首先是要摆脱贫穷。要摆脱贫穷，就要找出一条比较快的发展道路。贫穷不是社会主义，发展太慢也不是社会主义。社会主义的优越性归根结底就体现在它的生产力发展水平要比资本主义更高一些，发展速度要比资本主义更快一些。最为重要的是，社会主义发展生产力，成果是属于人民的。当然，实现共同富裕，不能靠平均发展。改革开放之前，我们搞平均主义，吃"大锅饭"，实际上是共同落后，共同贫穷，我们是吃了这个亏的。改革首先要打破平均主义，打破"大锅饭"。让一部分人、一部分地区先富起来是必须要经历的过程，

---

① 《邓小平文选》第三卷，人民出版社 1993 年版，第 364 页。

② 《邓小平文选》第三卷，人民出版社 1993 年版，第 110—111 页。

③ 《邓小平文选》第三卷，人民出版社 1993 年版，第 264—265 页。

全体人民共同富裕是最终要实现的目标。一部分地区发展快一点，带动大部分地区，这是加速发展、达到共同富裕的捷径。我们提倡一部分地区先富裕起来，是为了激励和带动其他地区也富裕起来，并且使先富裕起来的地区帮助落后的地区更好地发展。要实现共同富裕，就要实行改革和开放的政策，只有走改革开放的道路，走中国特色的社会主义道路，才能真正发展生产力。

党的十三届四中全会以来，以江泽民同志为主要代表的中国共产党人坚持发展中国特色社会主义，于世纪之交，创造性地提出"三个代表"重要思想，即"我们党在革命、建设、改革的各个历史时期，总是代表着中国先进生产力的发展要求，代表着中国先进文化的前进方向，代表着中国最广大人民的根本利益"①。"三个代表"重要思想与共同富裕的目标是高度一致的。首先，先进生产力的发展是实现共同富裕的物质基础。生产力发展水平直接影响到老百姓的生活水平，抛开生产力，共同富裕是不可能实现的，只会导致共同贫穷。中国共产党只有代表先进生产力的发展要求，才能不断积累更多的物质财富，最终实现共同富裕。其次，发展先进文化是实现共同富裕的必然要求。共同富裕是物质和精神的双富裕，精神富裕是衡量共同富裕的重要内容。中国共产党只有代表先进文化的前进方向，才能为共同富裕提供精神动力。最后，代表最广大人民的根本利益是实现共同富裕的本质归属。"三个代表"重要思想的出发点和落脚点就是始终代表最广大人民的根本利益，不断发展先进生产力和先进文化，归根到底是为了实现中国最广大人民的根本利益，而最能反映广大人民群众根本利益的就是实现共同富裕。我们发展社会主义市场经济，实行改革

---

① 《江泽民文选》第三卷，人民出版社 2006 年版，第 2 页。

开放政策，根本目的是要提高最广大人民群众的物质文化生活水平，实现共同富裕的目标。江泽民继续强调"允许和鼓励一部分地区、一部分人先富起来，通过先富带后富、先富帮后富，逐步达到全体人民共同富裕"①，同时也指出"要注意教育和引导先富起来的非公有制经济人士，不忘共同富裕这个社会主义的大目标，不要只满足于一己之富，而应该致富思源、富而思进，报效祖国，奉献社会"②。中国自古就提倡"饱而知人之饥，温而知人之寒"，主张义利兼顾，反对为富不仁。从本质上说，社会主义制度是比资本主义制度优越的社会制度。人类最终总要摆脱任何剥削阶级占统治地位的社会而进入崭新的社会主义社会，这是历史发展的必然。江泽民指出："帮助贫困地区发展经济文化，帮助贫困地区群众与全国人民一起逐步走上共同富裕的道路，是贯穿社会主义初级阶段全过程的历史任务，全党全国上下必须锲而不舍地长期奋斗。"③社会主义制度保证人民当家作主，坚持公有制为主体，解放和发展生产力，消灭剥削制度，消除两极分化，推动物质文明和精神文明协调发展，最终实现全体人民共同富裕。

2003 年 10 月，以胡锦涛同志为主要代表的中国共产党人在党的十六届三中全会上提出科学发展观的重大战略思想，是我们党对发展问题的新认识，为新时期共同富裕目标的实现确立指导思想。胡锦涛指出："科学发展观，第一要义是发展，核心是以人为本，基本要求是全面协调可持续，根本方法是统筹兼顾。"④科学发展观就是要促进

---

① 《江泽民文选》第三卷，人民出版社 2006 年版，第 206 页。
② 《江泽民文选》第三卷，人民出版社 2006 年版，第 206 页。
③ 《江泽民文选》第三卷，人民出版社 2006 年版，第 249—250 页。
④ 《胡锦涛文选》第二卷，人民出版社 2016 年版，第 623 页。

人的全面发展，走共同富裕的道路。第一，以人为本是共同富裕的根本要求。坚持以人为本，就是要从人民群众根本利益出发谋发展、促发展，不断满足人民群众日益增长的物质文化需要，切实保障人民群众经济、政治、文化权益，让发展成果惠及全体人民。第二，全面发展是实现共同富裕的基本要求。全面发展，就是要以经济建设为中心，全面推进经济、政治、文化建设，实现经济发展和社会全面进步。既要坚持抓好经济建设这个中心，同时又要切实防止片面性和单打一。第三，协调发展是实现共同富裕的根本途径。协调发展，就是要统筹城乡发展、统筹区域发展、统筹经济社会发展、统筹人与自然和谐发展、统筹国内发展和对外开放，推进生产力和生产关系、经济基础和上层建筑相协调，推进经济、政治、文化建设各个环节各个方面相协调。第四，可持续发展是实现共同富裕的前提条件。可持续发展，就是要促进人与自然的和谐，实现经济发展和人口、资源、环境相协调，坚持走生产发展、生活富裕、生态良好的文明发展道路，保证一代接一代永续发展。以科学发展观推动共同富裕，必须始终坚持以经济建设为中心，聚精会神搞建设，一心一意谋发展。科学发展观是用来指导发展的，不能离开发展这个主题。只有坚持以经济建设为中心，不断增强综合国力，才能为抓好发展这个党执政兴国的第一要务，为实现共同富裕打下坚实物质基础。以科学发展观推动共同富裕，必须在经济发展的基础上，推动社会全面进步和人的全面发展，促进社会主义物质文明、政治文明、精神文明协调发展。以科学发展观推动共同富裕，必须着力提高经济增长质量和效益，努力实现速度和结构、质量、效益相统一，经济发展和人口、资源、环境相协调，不断保护和增强发展的可持续性。

二、共同富裕是习近平新时代中国特色社会主义思想的重要内容

随着我国全面建成小康社会、开启全面建设社会主义现代化国家新征程，我们必须把促进全体人民共同富裕摆在更加重要的位置，向着这个目标更加积极有为地进行努力。习近平总书记指出："人民对美好生活的向往，就是我们的奋斗目标。人世间的一切幸福都需要靠辛勤的劳动来创造。我们的责任，就是要团结带领全党全国各族人民，继续解放思想，坚持改革开放，不断解放和发展社会生产力，努力解决群众的生产生活困难，坚定不移走共同富裕的道路。"①共同富裕是中国特色社会主义的根本原则，中国共产党的一切工作，都以最广大人民根本利益为最高标准。面对人民过上更好生活的新期待，中国共产党人不能有丝毫自满和懈怠，必须再接再厉，使发展成果更多更公平惠及全体人民，朝着共同富裕方向稳步前进。

第一，坚持以人民为中心的发展思想就是坚持共同富裕的道路。习近平总书记强调："人民立场是马克思主义政党的根本政治立场，人民是历史进步的真正动力，群众是真正的英雄，人民利益是我们党一切工作的根本出发点和落脚点。"②以人民为中心的发展思想，体现了我们党全心全意为人民服务的根本宗旨，体现了人民是推动发展的根本力量的唯物史观。实现共同富裕的目标，就是要坚持人民主体地位，顺应人民群众对美好生活的向往，不断实现好、维护好、发展好

---

① 《习近平谈治国理政》第一卷，外文出版社 2018 年版，第 4 页。
② 《习近平谈治国理政》第二卷，外文出版社 2017 年版，第 189 页。

最广大人民根本利益，做到发展为了人民、发展依靠人民、发展成果由人民共享。实现共同富裕的目标，就是要让人民群众在学有所教、劳有所得、病有所医、老有所养、住有所居上持续取得新进展，不断实现好、维护好、发展好最广大人民根本利益，使发展成果更多更公平惠及全体人民，在经济社会不断发展的基础上，朝着共同富裕方向稳步前进。

第二，坚持在高质量发展中实现共同富裕。高质量发展和共同富裕是你中有我、我中有你的关系：只有通过高质量发展，才能实现共同富裕；必须依托共同富裕，才能增强高质量发展的后劲。从本质上说，高质量发展，就是体现新发展理念的发展，是创新成为第一动力、协调成为内生特点、绿色成为普遍形态、开放成为必由之路、共享成为根本目的的发展。创新发展注重的是解决发展动力问题，依靠创新才能真正发展生产力，做大"蛋糕"；协调发展注重的是解决发展不平衡问题；绿色发展注重的是解决人与自然和谐问题，实现人民群众对清新空气、干净饮水、优美环境的需求；开放发展注重的是解决发展内外联动问题；共享发展注重的是解决社会公平正义问题，共享理念实质就是坚持以人民为中心的发展思想，体现的是逐步实现共同富裕的要求，就是要使全体人民朝着共同富裕方向稳步前进。

第三，坚持党的领导是实现共同富裕的根本保障。党政军民学，东西南北中，党是领导一切的。中国特色社会主义最本质的特征是中国共产党领导，中国特色社会主义制度的最大优势是中国共产党领导。中国特色社会主义市场经济，本质上就是中国共产党领导下的市场经济。党的领导是为了保障我国的经济巨轮沿着正确的方向航行，这个方向就是共同富裕的方向，坚决不能"跑偏"，不能导致贫富两极分化，不能出现"富者累巨万，穷者食糟糠"的现象。党是总揽全局、协调各方的，共同富裕是社会主义的本质要求，党的领导当然要在该项工作中得到充分体现，为其保驾护航。

三、共同富裕是中国式现代化的基本特征

实现共同富裕，是中国共产党人的不懈追求。中国共产党的一切努力，从新民主主义革命胜利到社会主义制度的确立，从解决温饱问题到达到小康水平，从全面建设小康社会到全面建成小康社会，从富裕到全体人民共同富裕，一张蓝图绘到底，在实践中根据不同历史时期的特征不断推进共同富裕目标的实现。共同富裕是中国式现代化的重要特征，中国特色社会主义制度是共同富裕的根本保证。共同富裕不是社会现代化的普遍特征，资本主义社会的发展只会离共同富裕的目标越来越远，因为生产社会化和生产资料私人占有之间的矛盾不可调和，私有制导致资本对劳动的剥削，其结果就是两极分化越来越严重。中国共产党领导下的中国式现代化，以实现共同富裕为根本目标。正如恩格斯所说："我们的目的是要建立社会主义制度，这种制度将给所有的人提供健康而有益的工作，给所有的人提供充裕的物质生活和闲暇时间，给所有的人提供真正的充分的自由。"① 因此，实现中国式现代化与推动共同富裕阶段目标也高度一致，即到 2035 年，基本实现社会主义现代化，同时人民生活更加美好，全体人民共同富裕取得更为明显的实质性进展，基本公共服务实现均等化。到本世纪中叶，要把我国建成富强民主文明和谐美丽的社会主义现代化强国，

① 《马克思恩格斯全集》第 28 卷，人民出版社 2018 年版，第 652 页。

同时全体人民共同富裕的目标要基本实现，居民收入和实际消费水平差距缩小到合理区间。

第一，实现共同富裕是"持久战"。任何事物的发展都需要一个从量变到质变的过程，实现共同富裕同样如此，是一个长期的历史过程，不可能毕其功于一役，不可能一蹴而就，不能把长期目标短期化、系统目标碎片化。我国仍处于并将长期处于社会主义初级阶段，这是我国的基本国情，没有变；我国仍然是世界上最大的发展中国家，这是我国基本的国际地位，也没有变。我国当前尚存在大量短板，发展不平衡不充分的问题突出，城乡、区域、收入之间的差距明显，供给结构对需求的适配性不高，统筹发展和安全的压力较大，住房、教育、医疗、养老等民生领域的短板有待解决，中等收入群体所占比例不到三分之一，实现共同富裕是一个长期艰巨的任务，只能一步一个脚印、脚踏实地向前推进。

第二，共同富裕是全民富裕。全民富裕，是就共同富裕的覆盖面而言的，是全体人民的富裕，是要实现 14 亿多人共同富裕，不是少数人富裕、一部分人富裕。改革开放以来，我们允许一部分人、一部分地区先富起来，解放和发展了生产力，使人民生活水平总体上不断提高。在进入全面建设社会主义现代化国家的新征程之后，我们需要把实现全体人民共同富裕摆在更加重要的位置上。全体人民的共同富裕，既表现在收入水平的提升和收入差距的缩小上，也表现在基本公共服务水平的均等上。促进全民共同富裕，最艰巨最繁重的任务仍然在农村。打赢脱贫攻坚战是实现农村共同富裕的基础，要巩固拓展脱贫攻坚成果，全民推进乡村振兴，加强农村基础设施和公共服务体系建设，使更多农村居民勤劳致富。

第三，共同富裕是全面富裕。全面富裕，是就共同富裕的内容而言的，包括物质生活和精神生活都富裕，不仅仅是物质富裕。促进共同富裕与促进人的全面发展是高度统一的。马克思主义理论的基本立场就是发展生产力，最终要实现人的全面发展，包括物质领域和精神领域共同的发展和提高，以及人的各项权利的充分实现。邓小平强调，"我们要建设的社会主义国家，不但要有高度的物质文明，而且要有高度的精神文明"①。习近平总书记指出，"要强化社会主义核心价值观引领，加强爱国主义、集体主义、社会主义教育，发展公共文化事业，完善公共文化服务体系，不断满足人民群众多样化、多层次、多方面的精神文化需求"②。共同富裕是物质富裕和精神富裕的统一，需要齐抓共建、同向发展。当然，物质富裕是前提和基础，如果温饱都无法满足，何谈人的全面发展。在物质条件得到满足之后，人们就会有更多的时间精力追求更高层次的精神需要。

第四，共同富裕是共建富裕。共建富裕，是就共同富裕的实现方式而言的。天道酬勤，幸福是奋斗出来的，只有共建才能共富，共同富裕要靠勤劳智慧来创造。发展为了人民，发展也要依靠人民，共建的过程就是实现共同富裕的过程。只有广泛汇聚民智，最大限度激发民力，形成人人参与、人人尽力、人人都有成就感的生动局面，提升全社会人力资本和专业技能，提高就业创业能力，增强致富本领，才能真正实现共同富裕。共同富裕不是"养懒人"，"等靠要""懒惰""躺平""内卷"只会离共同富裕越来越远。天上不会掉馅饼，世界上也从来没有"免费的午餐"，什么时候都不要想象可以敲锣打鼓、欢天喜地实现共同富裕，唯有奋斗和辛勤劳动，不断跨越新时代的"雪山

---

① 《邓小平文选》第二卷，人民出版社1994年版，第367页。

② 《习近平谈治国理政》第四卷，外文出版社2022年版，第146页。

草地""娄山关"和"腊子口",才能实现共同富裕。

第五,共同富裕是渐进富裕。渐进富裕,是就共同富裕的推进进程而言的。共同富裕的程度和经济社会发展的水平是一个水涨船高的关系,水浅行小舟,水深走大船。经济社会发展是一个从低水平向高水平不断推进的过程,共同富裕也必将经历一个从低级到高级、从不均衡到均衡的过程,即使达到很高水平也会有差别,不是同步同等富裕。各地区在推进共同富裕的进程上会有差异,不可能完全同步;在水平上也会有差异,不可能完全同等。不同人群不仅实现富裕的程度有高有低,时间上也会有先有后,不可能齐头并进。这就需要立足国情、立足经济社会发展水平来思考设计推动共同富裕的政策,既不要裹足不前、铢施两较、该花的钱也不花,也不要吊高胃口、好高骛远、口惠而实不至。

四、共同富裕是我国高质量发展的重要内容

"治国之道,富民为始。"党的十八大以来,党中央把逐步实现全体人民共同富裕摆在更加重要的位置上,采取有力措施保障和改善民生,打赢脱贫攻坚战,全面建成小康社会,为促进共同富裕创造了良好条件。当前,我们正在向第二个百年奋斗目标迈进,必须把促进全体人民共同富裕作为为人民谋幸福的着力点。我们要在高质量发展中促进共同富裕,坚持公有制为主体、多种所有制经济共同发展,构建初次分配、再分配、三次分配协调配套的基础性制度安排,完善社会主义市场经济体制。

（一）发展是实现共同富裕的基础和关键

发展是实现共同富裕的基础，经济不发展，实现共同富裕就无从谈起，要坚持在高质量发展中实现共同富裕的路径。

第一，坚持生产力标准。只有不断发展生产力，才能实现共同富裕。历史唯物主义的一个基本原理，就是认为生产力发展是社会主义的最终决定力量，正是生产力的发展，才引起了生产关系以及其他一切关系的变革。这个原理适用于一切社会形态，社会主义社会也不例外。马克思恩格斯指出，如果没有生产力的发展，那就只会有贫穷、极端贫困的普遍化；而在极端贫困的情况下，必须重新开始争取必需品的斗争，全部陈腐污浊的东西又要死灰复燃。[①] 马克思讲："共产主义社会是一个生产高度发展、物资极其丰富的社会，要实现并达到这样的社会发展水平，发展生产力就成为一个必要的途径。"毛泽东指出："社会主义革命的目的是解放生产力。"[②] 社会主义时期的主要任务是发展生产力，使物质财富不断增长，人民生活一天天好起来，为进入共产主义创造物质条件。邓小平指出："我们是社会主义国家，社会主义制度优越性的根本表现，就是能够允许社会生产力以旧社会所没有的速度迅速发展，使人民不断增长的物质文化生活需要能够逐步得到满足"[③]。"空讲社会主义不行，人民不相信"[④]。判断我们工作得失是非的根本标准"应该主要看是否有利于发展社会主义社会的生产力，是否有利于增强社会主义国家的综合国力，是否有利于提高人民的生

[①]　《马克思恩格斯选集》第 1 卷，人民出版社 2012 年版，第 166 页。

[②]　《毛泽东文集》第七卷，人民出版社 1999 年版，第 1 页。

[③]　《邓小平文选》第二卷，人民出版社 1994 年版，第 128 页。

[④]　《邓小平文选》第二卷，人民出版社 1994 年版，第 314 页。

活水平。"①江泽民指出："马克思主义执政党必须高度重视解放和发展生产力。离开发展，坚持党的先进性、发挥社会主义制度的优越性和实现民富国强都无从谈起。"②胡锦涛指出："聚精会神搞建设，一心一意谋发展。"③习近平总书记指出，"我们要坚持以经济建设为中心、以科学发展为主题、以造福人民为根本目的，不断解放和发展社会生产力"④。

第二，坚持正确的发展观。中国取得今天这样的成就，就是因为坚持了"发展是硬道理"的观点，把发展经济放到压倒一切的首位，坚持发展，加快发展，不停顿地发展。发展不仅是经济问题，更是政治问题，世界各国都把发展作为本国的战略核心，中国也必须把发展作为自己最基本的战略。从方法意义上讲，扭住经济建设为中心不放，就是要求在改革中，认准方向，站稳脚跟，排除一切干扰，努力强化和发展自身。正所谓咬定青山不放松，任尔东西南北风。改革开放以来，我们之所以能够取得骄人的成就，靠的就是"聚精会神搞建设，一心一意谋发展"；站在新的起点上，我们仍然要把"发展作为党执政兴国的第一要务"，"发展是硬道理"的战略思想要坚定不移地坚持下去。作为有 14 亿多人口的大国，我国用几十年的时间走完了发达国家几百年走过的发展历程，无疑是值得骄傲和自豪的。但同时也要清醒地看到，我国还存在大量短板，距离共同富裕的要求还有较大差距。统筹发展和安全的压力依然较大，创新能力不强的问题突

---

① 《邓小平年谱（一九七五——一九九七）》下卷，中央文献出版社 2004 年版，第 1342 页。

② 《江泽民文选》第三卷，人民出版社 2006 年版，第 538 页。

③ 《胡锦涛文选》第二卷，人民出版社 2016 年版，第 167 页。

④ 中共中央文献研究室编：《习近平关于社会主义经济建设论述摘编》，中央文献出版社 2017 年版，第 7 页。

出，供给结构对需求的适配性不高，生态环境保护任重道远；民生领域短板更多，体现在住房、教育、养老、医疗等方方面面。存在这些短板表明，我国人民要过上美好生活，还要继续付出艰苦努力。发展依然是当代中国的第一要务，中国共产党的首要使命就是集中力量提高人民生活水平，逐步实现共同富裕。总之，要解决上述短板，只能靠进一步的发展，实现高质量发展。

第三，坚持以经济建设为中心。以经济建设为中心是兴国之要，只有实现经济持续健康发展，国家才能繁荣富强，人民才能幸福安康，社会才能和谐稳定，共同富裕的目标才能真正实现，社会主义制度的优越性才能体现出来。习近平总书记指出："从根本上说，没有扎扎实实的发展成果，没有人民生活不断改善，空谈理想信念，空谈党的领导，空谈社会主义制度优越性，空谈思想道德建设，最终意识形态工作也难以取得好的成效。只要国内外大势没有发生根本变化，坚持以经济建设为中心就不能也不应该改变。"①我们站在世界第二大经济体、第一大货物贸易国、第一大工业制造国的成就上，才能更好体现社会主义制度优越性；站在全面打赢脱贫攻坚战、在我们这样一个 14 亿多人口的大国全面建成小康社会的基础上，才能更加自信。取得这些成就，靠的就是新中国成立 70 多年来、改革开放 40 多年来所攒下的深厚"家底"。面向未来，我国开启了全面建设社会主义现代化国家、向第二个百年奋斗目标进军的新征程，要继续把发展作为第一要务，把经济建设作为中心任务，不断满足人民日益增长的美好生活需要，集中精力把经济建设搞上去、把人民生活搞上去。

---

① 中共中央文献研究室编：《习近平关于社会主义经济建设论述摘编》，中央文献出版社 2017 年版，第 5 页。

（二）贯彻新发展理念是新时代我国推进共同富裕的必然要求

党的十八大以来，习近平总书记对经济社会发展提出了许多重大理论和理念，其中新发展理念是最重要、最主要的。创新、协调、绿色、开放、共享五大发展理念，作为管全局、管根本、管方向、管长远的东西，是党和国家发展思路、发展方向、发展着力点的集中体现。由五大发展理念组成的新发展理念体系是习近平新时代中国特色社会主义经济思想的主要内容，是我们党对经济发展规律的最新认识。体现新发展理念的发展就是高质量发展。理念是行动的先导，有什么样的理念就会有什么样的行动。如果理念错了，行动一定是错的。五大发展理念不是凭空想出来的，是在深刻总结国内外发展经验教训的基础上形成的，是针对我国发展中遇到的矛盾和问题的基础上提出来的。第一，创新发展理念是要解决发展动力的问题。高质量发展的关键是要提高全要素生产率，提高全要素生产率的关键是创新。每一次产业革命都为新兴大国追赶守成大国提供了最难得的机遇，关键就看新兴大国能否引领这一次的产业革命，能否站在这一次产业革命的风口浪尖上。第二，协调发展理念是要解决发展不平衡的问题。这里的不平衡既包括区域之间的不平衡，也包括城乡之间的不平衡。如果不平衡的问题解决不好，就会出现"木桶效应"，局部的不平衡会影响整体的发展水平。第三，绿色发展理念是要解决人与自然和谐问题。人类发展活动必须尊重自然、顺应自然、保护自然，否则就会遭到大自然的报复，这个规律谁也无法抗拒。坚持绿色发展就是为了实现可持续发展，保护环境就是为了更可持续地发展生产力。第四，开放发展理念是要解决发展内外联动问题。中国开放的大门永远不会关上，只会在更大范围、更宽领域、更深层次上提高开放型经济水平，目的就是为了构建人类命运共同体，实现共赢。第五，共享发展理念是要解决社会公平正义问题。这里的共享包括全民共享、全面共享、共建共享和渐进共享。坚持创新发展、协调发展、绿色发展、开放发展、共享发展，是关系我国发展全局的一场深刻变革，是新时代我国发展壮大的必由之路。哪一个发展理念贯彻不到位，全面建设社会主义现代化国家的进程和实现共同富裕的进程都会受到影响。

（三）从高质量发展的实现途径准确理解共同富裕

实现共同富裕，首先是做大做好"蛋糕"，然后是切好分好"蛋糕"。社会上有一些人说，目前贫富差距是主要矛盾，因此"分好蛋糕比做大蛋糕更重要"，主张分配优先于发展。这种说法是不对的，要想实现共同富裕，首先是做大做好"蛋糕"，然后是切好分好"蛋糕"，什么时候也不能忘记，发展是解决我国一切问题的基础和关键。如果没有扎扎实实的发展成果，没有人民生活的不断改善，实现共同富裕就是"空谈"。坚持以经济建设为中心是党的基本路线的要求，是兴国之要，只有经济持续健康发展，才会有国家繁荣富强、人民幸福安康、社会和谐稳定，才会有真正的共同富裕。

实现共同富裕，需要坚持"两个毫不动摇"。党的十八大以来，习近平总书记多次重申坚持基本经济制度，坚持"两个毫不动摇"。公有制经济和非公有制经济都是社会主义市场经济的重要组成部分，都是我国经济社会发展的重要基础，都是推动实现共同富裕的重要力量。我们既要强调国有企业在推动共同富裕中的重要作用，也要强调民营企业在推动共同富裕中的重要作用。改革开放40多年来，我国民营经济不断发展壮大，已经具有"五六七八九"的特征，成为推动共同富裕不可或缺的力量，成为创业就业的主要领域、国家税收的重要来源。在推动共同富裕实现的过程中，民营经济只能壮大、不能弱化，不仅不能"离场"，而且要走向更加广阔的舞台、发挥更大的作用。

实现共同富裕所需要的分配制度，是构建初次分配、再分配、三次分配协调配套的制度安排。促进共同富裕，需要正确处理效率和公平的关系，构建初次分配、再分配、三次分配协调配套的基础性制度安排，扩大中等收入群体比重，增加低收入群体收入，合理调节高收入，取缔非法收入，形成中间大、两头小的橄榄型分配结构。首先，初次分配是基础，要做到效率优先、兼顾公平。我国以公有制为主体、多种所有制经济共同发展的基本经济制度决定了我国实行按劳分配为主体、多种分配方式并存的收入分配制度，要把按劳分配和按生产要素分配结合起来，健全劳动、资本、土地、知识、技术、管理、数据等生产要素由市场评价贡献、按贡献决定报酬的机制，这一制度安排有利于调动各方面积极性，有利于实现效率和公平有机统一。初次分配就是要千方百计增加居民收入，给每一个奋斗者以公平的机会。其次，再分配是关键，要做到促进公平，兼顾效率。再分配就是要解决市场失灵的问题，以此缩小收入差距。财政分配的依据是公共权力，由此采用的手段以强制性为主。最后，三次分配是自愿、是辅助、是彰显爱心。中央强调发挥三次分配的作用，并不是强迫高收入者"均贫富"，不是劫富济贫，而是要借助一定的制度安排，激励人们自愿捐助。

实现共同富裕所需要的体制支撑，是"使市场在资源配置中起决定性作用，更好发挥政府作用"。实现共同富裕，"看不见的手"和"看得见的手"都要用好，努力形成市场作用和政府作用相互促进、共同发力的格局。一方面，实现共同富裕，就是要创造更多的财富，就是要不断提高全要素生产率，就是要以尽可能少的资源投入生产尽可能多的产品、获得尽可能大的效益。理论和实践都证明，市场配置资源是最有效率的形式，所以要使市场在资源配置中起决定性作用，减少政府对资源的直接配置，减少政府对微观经济活动的直接干预，加快建设统一开放、竞争有序的市场体系，让 1.5 亿个市场主体"海阔凭鱼跃、天高任鸟飞"，迸发出最大的活力，发挥最大的能力去创造财富。这就必然会导致一部分人和一部分地区先富起来，不会是同步富裕，更不能成为平均主义。另一方面，实现共同富裕也要更好发挥政府作用，切实转变政府职能，健全宏观调控体系，不断改善营商环境，促进社会公平正义和社会稳定，促进共同富裕。

（执笔人：高惺惟）

第 四 章 | 共同富裕的现实要求

　　社会主义的本质，是解放生产力，发展生产力，消灭剥削，消除两极分化，最终达到共同富裕。2020 年脱贫攻坚战取得的全面胜利为实现全体人民共同富裕奠定了坚实基础，在脱贫攻坚和全面建成小康社会完成后，我国已经进入到扎实推动共同富裕的历史阶段。但需要看到的是，我国发展不平衡不充分问题仍然突出，城乡区域发展和收入分配差距较大，自觉主动解决地区差距、城乡差距、收入分配差距，促进社会公平正义，逐步实现全体人民共同富裕，坚决防止两极分化是坚持以人民为中心的发展思想的具体体现。共同富裕作为中国式现代化的显著特征之一，习近平总书记强调："我国现代化是全体人民共同富裕的现代化。共同富裕是中国特色社会主义的本质要求，我国现代化坚持以人民为中心的发展思想，自觉主动解决地区差距、城乡差距、收入分配差距，促进社会公平正义，逐步实现全体人民共同富裕，坚决防止两极分化。"[1] 为此，深入探讨我国目前发展中存在的现实问题，深刻认识逐步实现全体人民共同富裕的现实要求，对于实现党的第二个百年奋斗目标具有重要的理论和现实意义。

一、推动高质量发展

党的十九大报告指出："我国经济已由高速增长阶段转向高质量发展阶段，正处在转变发展方式、优化经济结构、转换增长动力的攻关期。"[2] 在 2021 年 8 月 17 日召开的中央财经委员会第十次会议上，习近平总书记对高质量发展与共同富裕的关系作出深入阐述："共同富裕是社会主义的本质要求，是中国式现代化的重要特征"，"坚持以人民为中心的发展思想，在高质量发展中促进共同富裕"。[3]

新中国成立以来特别是改革开放以来，我国经济发展取得了举世瞩目的成就。改革开放 40 余年积累的宝贵经验之一就是必须坚持以发展为第一要务，不断增强我国综合国力。实践表明，解放和发展社会生产力，增强社会主义国家的综合国力，是社会主义的本质要求和根本任务。只有牢牢扭住经济建设这个中心，毫不动摇坚持发展是硬

---

① 习近平：《论把握新发展阶段、贯彻新发展理念、构建新发展格局》，中央文献出版社 2021 年版，第 9 页。

② 习近平：《决胜全面建成小康社会 夺取新时代中国特色社会主义伟大胜利——在中国共产党第十九次全国代表大会上的报告》，人民出版社 2017 年版，第 30 页。

③ 习近平：《扎实推动共同富裕》，《求是》2021 年第 20 期。

道理、发展应该是科学发展和高质量发展的战略思想，推动经济社会持续健康发展，才能全面增强我国经济实力、科技实力、国防实力、综合国力，才能为坚持和发展中国特色社会主义、实现中华民族伟大复兴奠定雄厚物质基础。世界银行的数据表明，改革开放以来我国GDP 增长速度始终领先于世界平均水平，见图 4-1。1978 年，中国GDP 的增长率为 11.3%，比世界平均水平高出 7.2 个百分点，即使是在 2008 年国际金融危机期间，中国 GDP 的增长率也比世界平均水平高出 7.7 个百分点。最值得关注的是，在新冠疫情暴发的 2020 年，世界 GDP 的增长率出现了负增长，达到了-3.4%，而 2020 年中国 GDP的增长率依然保持正增长水平，比世界平均水平高出了 5.7 个百分点。

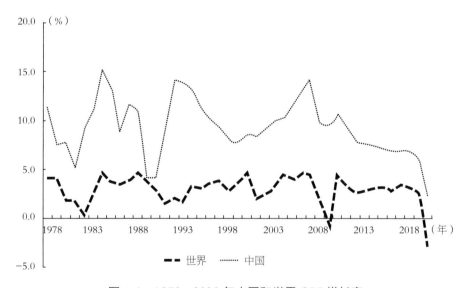

图 4-1　1978—2020 年中国和世界 GDP 增长率

数据来源：世界银行。

　　然而过去受历史和发展条件的限制，追求高速度的发展方式实现了我国经济体量迅速扩大的成绩，但也造成贫富差距的拉大以及环境污染等问题的产生。仅以农业生产部门为例，经过长期不懈的努力，中国的粮食产量从 1949 年的 11318.40 万吨增长到 2020 年的 66949.20 万吨，增长了约 5.92 倍，为保障国家粮食安全和满足 14 亿多人口的吃饭问题提供了根本保障。但在粮食增长的同时，中国化肥的总施用量占世界总施用量的比例由 1991 年的 22.21％增加到 2001 年的 25.78％和 2010 年的 29.63％；中国农药的总施用量占世界总施用量的比例由 1991 年的 34.00％增加到 2001 年的 41.94％和 2010 年的 43.99％，成为世界上最大的化肥农药施用国家，对生态环境保护和农业可持续发展构成了巨大挑战。为此，党的十九大报告提出了高质量发展这一概念，即高质量发展的目标是要满足人民日益增长的美好生活需要，而且是体现新发展理念的发展。

共同富裕这一目标的提出，为推动高质量发展提供了具体的实施路径。需要指出的是，共同富裕的前提首先是要富裕，而富裕离不开发展。新中国成立以来特别是改革开放以来的经济发展成就表明，坚持以经济建设为中心不仅是党的基本路线的要求。更是我国取得经济高速发展的根本所在。因此在实现全体人民共同富裕的过程中，第一目标是要把充分调动人民群众的积极性、主动性、创造性，举全民之力推进中国特色社会主义事业，不断把"蛋糕"做大。习近平总书记指出："解放和发展社会生产力，增强社会主义国家的综合国力，是社会主义的本质要求和根本任务。只有牢牢扭住经济建设这个中心，毫不动摇坚持发展是硬道理、发展应该是科学发展和高质量发展的战略思想，推动经济社会持续健康发展。"[1]

---

[1] 习近平：《论把握新发展阶段、贯彻新发展理念、构建新发展格局》，中央文献出版社 2021 年版，第 294—295 页。

作为体现新发展理念的高质量发展，其核心要义之一就是共享发展。习近平总书记指出："共享发展注重的是解决社会公平正义问题。'治天下也，必先公，公则天下平矣。'"①因此，让广大人民群众共享改革发展成果，不仅是社会主义的本质要求，还是社会主义制度优越性的集中体现，更是我们党坚持全心全意为人民服务根本宗旨的重要体现。如果能够有效解决社会公平正义问题，不仅能够调动全体人民共建共同富裕的积极性、主动性、创造性，而且也能孕育国家社会经济长期稳定发展的深厚伟力。需要看到的是，在我国经济发展的"蛋糕"不断做大的同时，分配不公问题比较突出，收入差距、城乡区域公共服务水平差距较大等问题依然存在，这严重制约了经济发展的质量。逐步实现全体人民共同富裕的提出，不仅是必须坚持发展为了人民、发展依靠人民、发展成果由人民共享的具体体现，更有助于作出更有效的制度安排，使全体人民朝着共同富裕方向稳步前进。正如习近平总书记反复强调的那样，"绝不能出现'富者累巨万，而贫者食糟糠'的现象"②。

二、缩小发展差距

习近平总书记指出："实现共同富裕不仅是经济问题，而且是关系党的执政基础的重大政治问题。我们决不能允许贫富差距越来越大、穷者愈穷富者愈富，决不能在富的人和穷的人之间出现一道不可

---

　　①　习近平：《论把握新发展阶段、贯彻新发展理念、构建新发展格局》，中央文献出版社 2021 年版，第 42 页。

　　②　《习近平谈治国理政》第二卷，外文出版社 2017 年版，第 200 页。

逾越的鸿沟"①。共同富裕不仅是马克思主义的一个基本目标，也是自古以来我国人民的一个基本理想。新中国成立以来，党中央就不断探索以减贫为主的共同富裕道路。然而，在长期发展中由于城乡二元结构体制、个人禀赋差异、自然资源禀赋、区位条件差异等因素积累下的矛盾，也成为目前城乡区域发展和收入分配差距较大的主要原因。促进全体人民共同富裕作为一项长期任务，要自觉主动解决城乡差距、收入差距、地区差距等问题，推动社会全面进步和人的全面发展，促进社会公平正义，让发展成果更多更公平惠及全体人民，不断增强人民群众获得感、幸福感、安全感。具体来说，就是要解决城乡收入差距、居民内部收入差距及地区发展差距三个方面的差距。

改革开放以来，我国城镇和农村居民人均可支配收入持续保持较快增长速度，但受城市利益集团压力以及传统经济体制遗留的制度障碍等影响，我国城乡收入差距已经成为造成收入不均等状况的主要原因之一。总体来看，改革开放 40 余年来，我国城镇居民人均可支配收入和农村居民人均可支配收入分别从 1978 年的 343 元和 134 元增长至 2020 年的 43834 元和 17131 元。但如果从城乡收入差距的变化情况来看，大致可以分为以下几个阶段。

改革开放初期，得益于以农业生产责任制为代表的农村改革，我国农村居民人均可支配收入快速增长，城乡收入倍差也从 1978 年的 2.6 下降到了 1988 年的 2.2，见表 4-1。然而后期受农民收入增长乏力和城乡二元结构体制积累下的深层矛盾影响，我国城乡收入差距在波动中扩大。特别是在 2008 年，我国城镇居民人均可支配收入为 15549 元，

---

① 习近平：《论把握新发展阶段、贯彻新发展理念、构建新发展格局》，中央文献出版社 2021 年版，第 480 页。

农村居民人均可支配收入仅为 4999 元，城乡收入倍差达到 3.1。为此，党中央提出了城乡统筹发展和构建城乡一体化新格局，特别是党的十八大以来提出的精准扶贫战略和城乡融合发展为缩小城乡收入差距作出了重要贡献。2020 年，我国城镇居民人均可支配收入为 43834 元，农村居民人均可支配收入为 17131 元，城乡收入倍差下降到 2.6。

表 4-1　城镇居民和农村居民人均可支配收入

时间	城镇居民人均可支配收入（元）	农村居民人均可支配收入（元）	倍差	收入差距（元）
分年份				
1978 年	343	134	2.6	209.0
1988 年	1180	545	2.2	635.0
1998 年	5418	2171	2.5	3247.0
2008 年	15549	4999	3.1	10550.0
2012 年	24127	8389	2.9	15738.0
2013 年	26467	9430	2.8	17037.0
2014 年	28844	10489	2.7	18355.0
2015 年	31195	11422	2.7	19773.0
2016 年	33616	12363	2.7	21253.0
2017 年	36396	13432	2.7	22964.0
2018 年	39251	14617	2.7	24634.0
2019 年	42359	16021	2.6	26338.0
2020 年	43834	17131	2.6	26703.0
分阶段				
1978—1992 年	927	417	2.2	510.5
1993—2002 年	5234	1936	2.7	3298.9
2003—2012 年	15013	4963	3.0	10049.5
2013—2020 年	35245	13113	2.7	22132.1

数据来源：国家统计局。

除城乡收入差距外，农村居民和城镇居民的内部收入差距也值得关注，见表 4-2。从农村居民的收入五等份情况来看，2013—2020 年，我国农村居民低收入组家庭、中间偏下收入组家庭、中间收入组家庭、中间偏上收入组家庭、高收入组家庭的人均收入年均增长率分别为 7.2%、8.3%、8.3%、8.5%、8.8%，均高于同组别城镇居民的收入增长速度。但不同组别间的增长速度存在较大差距。其中，高收入组家庭的人均收入年均增长率比低收入组家庭高出 1.6 个百分点。如果从高收入组家庭与低收入组家庭的人均收入差值来看，收入差值从 2013 年的 18446 元增长到 2020 年的 33839 元，收入倍差从 2013 年的 7.4 倍增加到 2020 年的 8.3 倍，农村内部收入差距不断扩大。

从城镇居民的收入五等份情况来看，2013—2020 年，我国城镇居民低收入组家庭、中间偏下收入组家庭、中间收入组家庭、中间偏上收入组家庭、高收入组家庭的人均收入年均增长率分别为 6.7%、6.6%、7.2%、7.7%、7.5%。与农村居民类似，不同组别的城镇居民收入增长速度存在较大差距。其中，高收入组家庭的人均收入年均增长率比低收入组家庭高出 0.8 个百分点。如果从高收入组家庭与低收入组家庭的人均收入差值来看，收入差值从 2013 年的 47866 元增长到 2020 年的 80464 元，收入倍差从 2013 年的 5.8 倍增加到 2020 年的 6.2 倍，城镇内部收入差距不断扩大。

表 4-2 农村居民和城镇居民按收入五等份分组

（单位：元）

时间	低收入组	中间偏下收入组	中间收入组	中间偏上收入组	高收入组
农村居民					
2013 年	2878	5966	8438	11816	21324
2014 年	2768	6604	9504	13449	23947

续表

时间	低收入组	中间偏下收入组	中间收入组	中间偏上收入组	高收入组
农村居民					
2015 年	3086	7221	10311	14537	26014
2016 年	3006	7828	11159	15727	28448
2017 年	3302	8349	11978	16944	31299
2018 年	3666	8508	12530	18051	34043
2019 年	4263	9754	13984	19732	36049
2020 年	4681	10392	14712	20884	38520
年均增长率（%）	7.2	8.3	8.3	8.5	8.8
城镇居民					
2013 年	9896	17628	24173	32614	57762
2014 年	11219	19651	26651	35631	61615
2015 年	12231	21446	29105	38572	65082
2016 年	13004	23055	31522	41806	70348
2017 年	13723	24550	33781	45163	77097
2018 年	14387	24857	35196	49174	84907
2019 年	15549	26784	37876	52907	91683
2020 年	15598	27501	39278	54910	96062
年均增长率（%）	6.7	6.6	7.2	7.7	7.5

数据来源：国家统计局。

习近平总书记指出："全体人民共同富裕是一个总体概念，是对全社会而言的，不要分成城市一块、农村一块，或者东部、中部、西部地区各一块，各提各的指标，要从全局上来看。"[1]但由于我国不同地区的发展状况、区位条件、资源禀赋等存在差距，这也导致了我国不同地区的人均可支配收入存在较大差距。

————————
[1]　习近平：《扎实推进共同富裕》，《求是》2021 年第 20 期。

从增长速度上看，党的十八大以来，西部地区人均可支配收入增长速度最高，见表 4-3。2012—2020 年，西部地区人均可支配收入的年均增长率达到 9.4%，分别比东部地区、中部地区、东北地区的人均可支配收入的年均增长率高出 1.0、0.5 和 2.1 个百分点。这一方面得益于 20 世纪 90 年代末我国不失时机地实施了西部大开发战略，另一方面要归功于党的十八大以来启动的精准扶贫基本方略，习近平总书记在不同场合多次强调要"深入实施西部开发战略""强化举措推进西部大开发形成新格局""加大西部开放力度""深入实施东西部扶贫协作"[①]，这为进一步推动西部地区农村发展提供了源源不断的内生动力。

从地区差距上看，我国东西部居民人均可支配收入差距仍然较大。在收入差距方面，2012 年，东部地区居民人均可支配收入比西部地区高出了 11242 元；2020 年，东部地区居民人均可支配收入比西部地区高出了 19712 元。在收入倍差方面，我国东西部居民人均可支配收入倍差在不断缩小。2012 年，东西部居民人均可支配收入倍差为 1.9，2020 年，这一倍差已经下降到 1.8。这一结果也与近年来"加大西部开放力度"等政策的支持密切相关。

表 4-3　不同地区居民人均可支配收入

（单位：元）

	东部地区	中部地区	西部地区	东北地区
2012 年	23421.2	13787.3	12179.2	15819.3
2013 年	25848.4	15342.5	13623.8	17573.0

---

① 习近平：《论把握新发展阶段、贯彻新发展理念、构建新发展格局》，中央文献出版社 2021 年版，第 147、196、198、202 页。

续表

	东部地区	中部地区	西部地区	东北地区
2014 年	28312.1	16944.7	15040.8	19248.0
2015 年	30775.5	18520.3	16545.9	20617.7
2016 年	33447.5	20083.7	18065.6	21948.3
2017 年	36432.8	21890.7	19795.3	23469.7
2018 年	39567.0	23845.7	21598.4	25075.0
2019 年	42947.2	26067.8	23618.7	26879.0
2020 年	44746.4	27234.2	25034.8	27797.0
年均增长率（%）	8.4	8.9	9.4	7.3

数据来源：国家统计局。

三、深化分配制度改革

党的十八大以来，习近平总书记多次强调坚持和完善社会主义基本分配制度。2015 年 11 月 23 日，习近平总书记在主持中共十八届中央政治局第二十八次集体学习时指出："马克思主义政治经济学认为，分配决定于生产，又反作用于生产，'而最能促进生产的是能使一切社会成员尽可能全面地发展、保持和施展自己能力的那种分配方式'。从我国实际出发，我们确立了按劳分配为主体、多种分配方式并存的分配制度。实践证明，这一制度安排有利于调动各方面积极性，有利于实现效率和公平有机统一。"①"十四五"规划也指出："坚持居民收

---

① 习近平：《论把握新发展阶段、贯彻新发展理念、构建新发展格局》，中央文献出版社 2021 年版，第 63 页。

入增长和经济增长基本同步、劳动报酬提高和劳动生产率提高基本同步，持续提高低收入群体收入，扩大中等收入群体，更加积极有为地促进共同富裕。"①

但是由于种种原因，目前我国在收入分配制度中还存在一些问题，主要表现在收入差距拉大、劳动报酬在初次分配中的比重较低、居民收入在国民收入分配中的比重偏低。为此，坚持按劳分配为主体、多种分配方式并存，提高劳动报酬在初次分配中的比重，健全工资合理增长机制，探索通过土地、资本等要素使用权、收益权增加中低收入群体要素收入，切实保障劳动者待遇和权益，不断壮大中等收入群体是扎实推动共同富裕的关键举措。习近平总书记也指出："要建设体现效率、促进公平的收入分配体系，实现收入分配合理、社会公平正义、全体人民共同富裕，推进基本公共服务均等化，逐步缩小收入分配差距。"②

从扎实推动共同富裕促进分配制度改革的行动目标上看，就是要实现收入结构的"提低扩中"。优化分配结构，发展壮大中等收入群体，形成以中等收入群体为主体的橄榄型社会结构不仅有利于增强高质量发展的内生动力，而且是促进全体人民共同富裕的一个关键环节。一方面，目前我国还是以中低收入为主的分配结构，推进全体人民共同富裕的最本质内容，还是要促进低收入者收入增长，重点还是农村低收入群体；另一方面，要提升中等收入群体比重，国务院 2016 年印发的《国务院关于激发重点群体活力带动城乡居民增收的实施意

---

① 全国人民代表大会常务委员会办公厅编：《中华人民共和国第十三届全国人民代表大会第四次会议文集汇编》，人民出版社 2021 年版，第 172 页。

② 习近平：《论把握新发展阶段、贯彻新发展理念、构建新发展格局》，中央文献出版社 2021 年版，第 238 页。

见》就提出技能人才、新型职业农民、科研人员、小微创业者、企业经营管理人员、基层干部队伍等重点扩中群体，提高他们的收入水平。

从扎实推动共同富裕促进分配制度改革的行动路径上看，就是要处理好效率和公平关系，构建初次分配、再分配、三次分配协调配套的基础性制度安排。习近平总书记在 2021 年中央经济工作会议上指出："要坚持按劳分配为主体，提高劳动报酬在初次分配中的比重，完善按要素分配政策。要发挥再分配的调节作用，加大税收、社保、转移支付等的调节力度，提高精准性。要发挥好第三次分配作用，引导、支持有意愿有能力的企业和社会群体积极参与公益慈善事业。"[1]党的十八大以来，我国居民人均可支配收入以年均 8.7% 的速度快速增长，但不同类型收入的增长速度存在显著差异，见表 4-4。2012 －2020 年，工资性收入和经营净收入的年均增长率分别为 8.4% 和 6.6%，低于居民人均可支配收入的增长速度；财产净收入和转移净收入的年均增长率均为 10.8%，高于居民人均可支配收入的增长速度。因此，一方面要健全工资决定、合理增长和支付保障机制，完善最低工资标准和工资指导线形成机制，积极推行工资集体协商制度，不断提高工资性收入的增长速度；另一方面，多渠道增加城乡居民财产净收入，提高农民土地增值收益分享比例，完善上市公司分红制度，创新更多适应家庭财富管理需求的金融产品，保障财产净收入和转移净收入的持续提高。

---

[1]　《习近平谈治国理政》第四卷，外文出版社 2022 年版，第 210 页。

表 4-4　全国居民人均可支配收入

（单位：元）

	人均可支配收入	工资性收入	经营净收入	财产净收入	转移净收入
2012 年	16510	9379	3172	1231	2727
2013 年	18311	10411	3435	1423	3042
2014 年	20167	11421	3732	1588	3427
2015 年	21966	12459	3956	1740	3812
2016 年	23821	13455	4218	1889	4259
2017 年	25974	14620	4502	2107	4744
2018 年	28228	15829	4852	2379	5168
2019 年	30733	17186	5247	2619	5680
2020 年	32189	17917	5307	2791	6173
年均增长率（%）	8.7	8.4	6.6	10.8	10.8

数据来源：国家统计局。

四、促进精神富裕

习近平总书记强调："共同富裕是全体人民共同富裕，是人民群众物质生活和精神生活都富裕。"[①]美好生活需要是多层面的，既包括物质内容，也包括精神内容；既要有量的丰富，更要有质的提升。随着生活水平不断提升，人民比以往更加向往美好的精神生活。因此，在满足物质生活需要的基础上，必须充分认识精神生活共同富裕的重要意义，把实现精神生活高质量发展作为重要内容，不断用多样

---

① 习近平：《扎实推进共同富裕》，《求是》2021 年第 20 期。

化、多层次、多方面的精神内容满足人民群众的美好生活需要、促进人的全面发展，坚持不懈推动精神生活共同富裕取得实质性进展。"十四五"规划也指出："坚持马克思主义在意识形态领域的指导地位，坚定文化自信，坚持以社会主义核心价值观引领文化建设，围绕举旗帜、聚民心、育新人、兴文化、展形象的使命任务，促进满足人民文化需求和增强人民精神力量相统一，推进社会主义文化强国建设。"①

促进精神富裕，首先要推动理想信念教育常态化制度化。需要指出的是，我国现代化坚持社会主义核心价值观，加强理想信念教育，弘扬中华优秀传统文化，增强人民精神力量，促进物的全面丰富和人的全面发展。为了进一步用党的创新理论武装全党和树牢宗旨意识，党的十八大以来，党中央先后组织了五次集中性教育学习活动：党的群众路线教育实践活动、"三严三实"专题教育、"两学一做"学习教育、"不忘初心、牢记使命"主题教育、党史学习教育。在具体操作层面，我们坚持弘扬和践行社会主义核心价值观，坚持教育引导、实践养成、制度保障三管齐下，以群众喜闻乐见的方式，深化中国特色社会主义和中国梦宣传教育，弘扬民族精神和时代精神，加强爱国主义、集体主义、社会主义教育。

促进精神富裕，还要承弘扬中华优秀传统文化。习近平总书记指出："要坚定文化自信，推动中华优秀传统文化创造性转化、创新性发展，继承革命文化，发展社会主义先进文化，不断铸就中华文化新辉煌，建设社会主义文化强国。统筹推进'五位一体'总体布局、协调推进'四个全面'战略布局，文化是重要内容；推动高质量发展，

---

① 中共中央党史和文献研究院编：《十九大以来重要文献选编》（中），中央文献出版社 2021 年版，第 804 页。

文化是重要支点；满足人民日益增长的美好生活需要，文化是重要因素；战胜前进道路上各种风险挑战，文化是重要力量源泉。"① 需要说明的是，弘扬中华优秀传统文化，最重要的不是看经济效益，而是看能不能提供更多既能满足人民文化需求、又能增强人民精神力量的文化产品。特别是在农村地区，一些地方"天价彩礼"等不良风气盛行，甚至还出现了"因婚致贫"现象。为此，要旗帜鲜明地反对天价彩礼，把反对铺张浪费、反对婚丧大操大办、抵制封建迷信作为农村精神文明建设的重要内容，推动移风易俗，树立文明乡风。要发挥红白理事会、村规民约的积极作用，约束村民攀比炫富、铺张浪费的行为，引导树立勤俭节约的文明新风。

促进精神富裕，还要完善文化产业规划、政策及相关基础设施，不断扩大优质文化产品供给。"十四五"规划指出，要提升公共文化服务水平，完善公共文化服务体系，明确要求创新实施文化惠民工程，提升基层综合性文化服务中心功能，广泛开展群众性文化活动。推进公共图书馆、文化馆、美术馆、博物馆等公共文化场馆免费开放和数字化发展。推进媒体深度融合，做强新型主流媒体。完善应急广播体系，实施智慧广电固边工程和乡村工程。发展档案事业。深入推进全民阅读，建设"书香中国"，推动农村电影放映优化升级。党的十八大以来，我国文化文物机构数和公共图书馆业机构数分别从 2012 年的 305927 个和 3076 个增加到 2020 年的 316619 个和 3212 个；群众业余文艺团体数从 2012 年的 303342 个增加到 2020 年的 454647 个，公共文化服务水平不断提高。

---

① 习近平：《论把握新发展阶段、贯彻新发展理念、构建新发展格局》，中央文献出版社 2021 年版，第 401 页。

五、尽力而为、量力而行

实现共同富裕是中华民族数千年来的梦想与愿望。孔子说："不患寡而患不均，不患贫而患不安。"孟子说："老吾老以及人之老，幼吾幼以及人之幼。"《礼记·礼运》具体而生动地描绘了"小康"社会和"大同"社会的状态。中国共产党成立以来，党中央就不断探索以减贫为主的共同富裕道路，并取得了显著成就。但是，实现共同富裕是一个漫长的历史过程，我国正处于并将长期处于社会主义初级阶段，我们不能做超越阶段的事情，但也不是说在逐步实现共同富裕方面就无所作为，而是要根据现有条件把能做的事情尽量做起来，积小胜为大胜，不断朝着全体人民共同富裕的目标前进。

促进全体人民共同富裕，首先要落实以人民为中心的发展思想。古人说："民富国强，众安道泰。"习近平总书记反复强调："共享是中国特色社会主义的本质要求，必须坚持发展为了人民、发展依靠人民、发展成果由人民共享，作出更有效的制度安排，使全体人民在共建共享发展中有更多获得感，增强发展动力，增进人民团结，朝着共同富裕方向稳步前进。"①因此，我国的共同富裕是全体人民的共同富裕。早在 1953 年，《中国共产党中央委员会关于发展农业生产合作社的决议》就指出，为着进一步地提高农业生产力，党在农村中工作的最根本的任务，就是使农民能够逐步完全摆脱贫困的状况而取得共同富裕和普遍繁荣的生活。党的十八大以来，以习近平同志为核心的党

---

①　习近平：《论把握新发展阶段、贯彻新发展理念、构建新发展格局》，中央文献出版社 2021 年版，第 502 页。

中央对共同富裕的认识达到新高度。习近平总书记在传承中华民族均平共富思想文化精髓、发展马克思主义彻底解放生产力和实现人的全面发展相关理论、结合历代中国共产党领导人的探索实践，先后提出了"贫穷不是社会主义，贫穷的平均主义不是社会主义，富裕但是不均衡、两极分化也不是社会主义。共同富裕才是社会主义"①和"我们说的共同富裕是全体人民共同富裕，是人民群众物质生活和精神生活都富裕"②。习近平总书记关于共同富裕的论述深刻体现了坚持以人民为中心的发展思想。换言之，发展为了人民，也是马克思主义政治经济学的根本立场。

促进全体人民共同富裕，也要深刻认识到全体人民共同富裕是一项长期任务，也是一项现实任务，急不得，也等不得，必须摆在更加重要的位置，脚踏实地，久久为功。经过改革开放 40 余年的发展，我国人均国内生产总值超过 1 万美元，形成了世界规模最大的消费品零售市场；把脱贫攻坚作为全面建成小康社会的标志性工程，组织推进人类历史上规模空前、力度最大、惠及人口最多的脱贫攻坚战，推动农业农村取得历史性成就、发生历史性变革。正是由于我们保持历史耐心、脚踏实地，以点带面、串点成线，步步为营、久久为功，才取得了一系列举世瞩目的重要成就。因此，在促进全体人民共同富裕的过程中，更要从全局的高度和更长远的考虑来认识和促进全体人民共同富裕，保持历史耐心和战略定力，稳扎稳打，勇于担当，敢于创新，善作善成。特别是在促进全体人民共同富裕的滚石上山、爬坡过坎、攻坚克难等关键阶段，我们既要有历史耐心，又要有只争朝夕的

---

① 《微镜头·习近平总书记两会"下团组"（两会现场观察）》，《人民日报》2022年3月7日。

② 习近平：《扎实推动共同富裕》，《求是》2021年第20期。

紧迫感，既谋划长远，又干在当下。

促进全体人民共同富裕，还要树立长远的战略眼光，顺应人民对高品质生活的期待，适应人的全面发展和全体人民共同富裕的进程。目前，我国长期所处的短缺经济和供给不足的状况已经发生根本性改变，人民对美好生活的向往总体上已经从"有没有"转向"好不好"，呈现多样化、多层次、多方面的特点，其中有很多需求过去并不是紧迫的问题，现在人民群众要求高了，我们对这些问题的认识和工作水平也要相应提高。"十四五"规划指出，"十四五"时期的经济社会发展必须坚持以人民为中心。要坚持人民主体地位，坚持共同富裕方向，始终做到发展为了人民、发展依靠人民、发展成果由人民共享，维护人民根本利益，激发全体人民积极性、主动性、创造性，促进社会公平，增进民生福祉，不断实现人民对美好生活的向往。因此，在促进全体人民共同富裕的过程中，除了关注经济"量"上的增长以外，更要关注"质"的变化，不断推动幼有所育、学有所教、劳有所得、病有所医、老有所养、住有所居、弱有所扶取得新进展。

（执笔人：孙生阳）

第 五 章 ｜ 共同富裕的价值取向

"治国之道，富民为始。"党的二十大报告指出："中国式现代化是全体人民共同富裕的现代化。共同富裕是中国特色社会主义的本质要求，也是一个长期的历史过程。我们坚持把实现人民对美好生活的向往作为现代化建设的出发点和落脚点，着力维护和促进社会公平正义，着力促进全体人民共同富裕，坚决防止两极分化。"① 这是以习近平同志为核心的党中央对新时代新征程中国共产党的使命任务作出的庄严承诺，为党团结带领全国各族人民全面建成社会主义现代化强国、实现第二个百年奋斗目标指明了方向。实现全

① 习近平：《高举中国特色社会主义伟大旗帜　为全面建设社会主义现代化国家而团结奋斗——在中国共产党第二十次全国代表大会上的报告》，人民出版社 2022 年版，第 22 页。

体人民共同富裕，是我国以中国式现代化全面推进中华民族伟大复兴的应有之义，也是实现人民对美好生活的向往和人的全面发展的必然要求。

一、共同富裕的人民性

实现全体人民共同富裕是中国式现代化的本质要求。2017 年 10 月，习近平总书记在十九届中共中央政治局常委同中外记者见面时的讲话中强调"全面建成小康社会，一个也不能少；共同富裕路上，一个也不能掉队"[①]。可以说，共同富裕归根结底是全体人民的富裕而不是少数人的富裕，是具有强烈人民性的共同富裕。实现共同富裕必须站稳人民立场，使人民群众获得感、幸福感、安全感更加充实、更有保障、更可持续，在全面建成小康社会的基础上努力推动全体人民共同富裕取得更为明显的实质性进展。

（一）共同富裕的多维价值取向

作为社会主义制度的终极目标，共同富裕具有多维价值取向：它既是社会主义制度的本质要求，也是走好中国式现代化道路的内在要求，还是我国应对百年未有之大变局的关键举措，更是以人民为中心发展思想的根本体现。

---

① 《习近平在十九届中共中央政治局常委同中外记者见面时强调　新时代要有新气象更要有新作为　中国人民生活一定会一年更比一年好》，《人民日报》2017 年 10 月 26 日。

1. 实现共同富裕必须依靠社会主义制度

在发展制度的价值取向上，共同富裕的实现必须依靠社会主义制度。马克思主义的世界观和方法论指导我们要紧紧依靠人民，将马克思主义普遍原理与中国具体实际相结合，不断与时俱进。实现中国特色社会主义必须坚持马克思主义，坚持实现人类解放和每一个人自由全面发展的价值理想。中国特色社会主义作为共产主义运动的一个重要组成部分，实现共同富裕就是社会主义的本质要求。

100 多年前，马克思用无可辩驳的逻辑和事实证明，生产社会化和生产资料私人占有之间的矛盾是资本主义制度必然出现经济危机的根本原因，而这一矛盾又恰恰是资本主义无法解决的内生性缺陷。回顾马克思关于未来社会的思想可以发现，共同富裕首先是作为批判"两极分化"的对立面而出现的。在 1857—1858 年的《经济学手稿》中，马克思对未来社会进行了前瞻性描述，"社会生产力的发展将如此迅速……生产将以所有的人富裕为目的"①。可见，共同富裕是马克思关于社会主义制度设想的本质特征，也是社会主义制度实践的指南。

2. 实现共同富裕要立足于中国式现代化新道路

在发展道路的价值取向上，共同富裕的实现要立足于中国式现代化新道路。从世界各国的发展史来看，富裕是各个国家现代化追求的根本目标。一些发达国家搞了几百年工业化和现代化，把人民生活总体上提高到相当高的水平，但由于社会制度原因，贫富差距问题反而越来越严重。中国有 14 亿多人口，如此巨大的人口体量整体迈入现代化进而逐步实现共同富裕，在世界发展史上是前所未有的，将彻底

----

① 《马克思恩格斯全集》第 46 卷（下），人民出版社 1980 年版，第 221—222 页。

改写人类社会高收入国家的版图。然而，也正因我国人口规模众多，实现共同富裕必须坚持中国式现代化新道路。

一方面，鉴于欧美等西方发达国家现代化过程存在两极分化的现象以及由此诱发的社会矛盾和冲突的教训，我国只有努力推进全体人民共同富裕，不断实现社会公平正义，才能实现社会和谐稳定和长治久安。对此，习近平总书记指出："当前，全球收入不平等问题突出，一些国家贫富分化，中产阶层塌陷，导致社会撕裂、政治极化、民粹主义泛滥，教训十分深刻！我国必须坚决防止两极分化，促进共同富裕，实现社会和谐安定。"① 另一方面，中国式现代化同美欧等西方现代化道路最大区别就是是否实现"全体人民共同富裕"。一些发达国家工业化搞了几百年，但由于社会制度原因，到现在共同富裕问题仍未解决，贫富悬殊问题反而越来越严重。对此，习近平总书记指出："共同富裕是社会主义的本质要求，是中国式现代化的重要特征"②，要"坚持以人民为中心的发展思想，在高质量发展中促进共同富裕"③。

3. 实现共同富裕是应对百年未有之大变局的客观需要

在发展环境的价值取向上，共同富裕的实现是应对百年未有之大变局的客观需要。当今世界正处于百年未有之大变局，不同国家和发展制度之间的竞争越来越激烈。一方面，在一次又一次应对经济危机冲击的过程中，西方主要发达国家的资本主义制度吸收了大量的马克思主义和国家福利主义的内容并由此形成了各有特点的资本主义发展制度，局部稳定了经济发展周期，也创造了极为发达的生产力，这

---

① 习近平：《扎实推进共同富裕》，《求是》2021 年第 20 期。
② 习近平：《扎实推进共同富裕》，《求是》2021 年第 20 期。
③ 习近平：《扎实推进共同富裕》，《求是》2021 年第 20 期。

些国家的制度在很长时间内也成为全世界其他国家向往的发展制度和发展模式。另一方面，随着中国等一批新兴经济体的快速发展，世界经济格局出现了深层次调整，导致全球利益和权力格局开始大幅度震荡。在此背景下，中国由于在保持经济发展速度、增加居民收入水平、推动产业升级、维持社会稳定等方面的出色表现，已经开始遭受个别西方国家的打压，近几年的中美贸易摩擦实际上反映出了中美两国发展制度的差异。可以预见，中美两国、社会主义和资本主义两种制度之间的竞争还会持续一段时间。决定两种发展制度竞争结局的影响因素有很多，目前中美双方在科技水平、创新能力、制造能力、生活水平和社会稳定等领域各有千秋，但我们必须清醒地意识到，共同富裕是社会主义制度的最大优势，也是本质特征，更是对方发展制度无法解决的缺陷。当前，我国已经取得圆满成功的减贫之路也充分证明了中国特色社会主义制度是有信心、有能力、有潜力实现共同富裕目标的。因此，长期来看，能否实现共同富裕目标将成为我国能否成功应对此次百年未有之大变局的关键因素。[1]

4. 实现共同富裕要坚持以人民为中心

在发展目标的价值取向上，共同富裕的实现要求坚持以人民为中心的发展思想。党的二十大报告指出："江山就是人民，人民就是江山。中国共产党领导人民打江山、守江山，守的是人民的心。"[2]坚

---

[1]　参见蔡之兵、张青：《脱贫攻坚经验对实现共同富裕的启示》，《开放导报》2021年第5期。

[2]　习近平：《高举中国特色社会主义伟大旗帜　为全面建设社会主义现代化国家而团结奋斗——在中国共产党第二十次全国代表大会上的报告》，人民出版社2022年版，第46页。

持以人民为中心是我们党最大、最宝贵的执政经验之一。在迈向现代化的过程中，我们始终坚持以人民为中心的发展思想，始终坚持发展为了人民、发展依靠人民、发展成果由人民共享，追求"让改革发展成果更多更公平惠及全体人民"[①]的共同富裕，彰显了正确的发展观、现代化观。而实现共同富裕恰恰是我们党坚持全心全意为人民服务根本宗旨的重要体现。

改革开放后，我们党深刻总结正反两方面历史经验，认识到贫穷不是社会主义，打破传统体制束缚，允许一部分人、一部分地区先富起来，推动解放和发展社会生产力。党的十八大以来，以习近平同志为核心的党中央把逐步实现全体人民共同富裕摆在更加重要的位置上，采取有力措施保障和改善民生，打赢脱贫攻坚战，全面建成小康社会，为促进共同富裕创造了良好条件。现在，我们正在向第二个百年奋斗目标迈进，适应我国社会主要矛盾的变化，更好满足人民日益增长的美好生活需要，必须把促进全体人民共同富裕作为为人民谋幸福的着力点，不断夯实党长期执政基础。为人民谋幸福、为民族谋复兴，是我们党领导现代化建设的出发点和落脚点。坚持以人民为中心的发展思想，在高质量发展中促进共同富裕，我们就一定能汇聚起14亿多中国人民的磅礴力量，实现中华民族伟大复兴的中国梦。

（二）以人民为中心是共同富裕的根本价值取向

在共同富裕的四大价值取向中，以人民为中心是最根本的，也是最主要的。实现共同富裕，必须始终坚持以人民为中心的发展思想，

---

① 《习近平谈治国理政》第二卷，外文出版社 2017 年版，第 52 页。

把实现好、维护好、发展好最广大人民根本利益作为一切工作的出发点和落脚点，更加自觉地使改革发展成果更多更公平惠及全体人民。共同富裕体现了以人民为中心的发展思想，体现了中国共产党的性质和宗旨。为中国人民谋幸福、为中华民族谋复兴，是中国共产党不变的初心和使命；带领人民走向共同富裕，实现全面发展，创造美好生活，是我们党始终不渝的奋斗目标。始终把人民放在心中最高位置、把人民对美好生活的向往作为奋斗目标，推动改革发展成果更多更公平惠及全体人民，就是践行以人民为中心的发展思想。党的十八大以来，以习近平同志为核心的党中央提出以人民为中心的发展思想，坚持一切为了人民、一切依靠人民，始终把人民放在心中最高位置、把人民对美好生活的向往作为奋斗目标，不断推动改革发展成果更多更公平惠及全体人民，不断推动共同富裕取得更为明显的实质性进展。

1. 实现共同富裕的根本目的是为了人民过上美好生活

党的二十大报告指出："治国有常，利民为本。为民造福是立党为公、执政为民的本质要求。必须坚持在发展中保障和改善民生，鼓励共同奋斗创造美好生活，不断实现人民对美好生活的向往。"① 人民对美好生活的向往，就是中国共产党人的奋斗目标。共同富裕是社会主义的本质内涵之一。作为过程规定，社会主义是一个历史概念，应放在历史发展过程来理解。在马克思恩格斯的时代，科学社会主义就是关于实现无产阶级解放条件的理论。在我国社会主义初级阶段，社会主义的本质，就是解放生产力，发展生产力，消灭剥削，消除两极

---

①　习近平：《高举中国特色社会主义伟大旗帜　为全面建设社会主义现代化国家而团结奋斗——在中国共产党第二十次全国代表大会上的报告》，人民出版社 2022 年版，第 46 页。

分化，最终达到共同富裕。因此实现共同富裕蕴含在社会主义内在本质之中。坚持以人民为中心的发展思想，强调实现共同富裕，是社会主义的本质要求。①

实现全体人民共同富裕、使人民过上美好生活是中国共产党人矢志不渝的初心和使命。2012 年 11 月 15 日，习近平总书记在十八届中共中央政治局常委同中外记者见面时就指出"我们的人民热爱生活，期盼有更好的教育、更稳定的工作、更满意的收入、更可靠的社会保障、更高水平的医疗卫生服务、更舒适的居住条件、更优美的环境，期盼孩子们能成长得更好、工作得更好、生活得更好。人民对美好生活的向往，就是我们的奋斗目标"②。党的十九大报告把人民日益增长的美好生活需要同不平衡不充分的发展之间的矛盾，确定为社会主要矛盾。习近平总书记强调，"以前我们要解决'有没有'的问题，现在则要解决'好不好'的问题"③。这里的"好不好"，包含是否实现共同富裕。习近平总书记强调："带领人民创造美好生活，是我们党始终不渝的奋斗目标。必须始终把人民利益摆在至高无上的地位，让改革发展成果更多更公平惠及全体人民，朝着实现全体人民共同富裕不断迈进。"④显然，以习近平同志为核心的党中央治国理政所解决的根本问题之一，就是实现共同富裕，使人民过上美好生活。

---

① 参见韩庆祥：《促进共同富裕为什么必须坚持以人民为中心的发展思想》，《经济日报》2021 年 11 月 7 日。

② 中共中央文献研究室编：《十八大以来重要文献选编》（上），中央文献出版社 2014 年版，第 70 页。

③ 《习近平谈治国理政》第三卷，外文出版社 2020 年版，第 133 页。

④ 习近平：《决胜全面建成小康社会　夺取新时代中国特色社会主义伟大胜利——在中国共产党第十九次全国代表大会上的报告》，人民出版社 2017 年版，第 45 页。

2. 实现共同富裕离不开全体人民的共同努力

促进共同富裕必须依靠全体人民共同团结奋斗。从理论逻辑来看，唯物史观强调人民群众是历史的主体和主人，是历史的创造者和推动者，也是推动历史发展的根本力量。实现全体人民共同富裕，是中国特色社会主义建设的一个重要目标，也是全体人民共同的事业。中国特色社会主义伟大事业得以顺利推进的前提就是紧紧依靠人民群众。离开人民群众，实现共同富裕也将是一句空话。从历史逻辑来看，中国革命、建设、改革的一条基本经验就是办好中国的事情关键在党、关键在人。这里的"人"，就是指人民群众。人民群众是做好中国一切事情的主体承担者，离开党和广大人民群众，什么事情也干不成，实现共同富裕也只能是一句空话。在实现共同富裕的过程中，要始终坚持人民主体地位，依靠广大人民群众的磅礴力量实现共同富裕。从实践逻辑来看，实现共同富裕需要团结人民共同奋斗。习近平总书记在 2018 年的新年贺词中指出"幸福都是奋斗出来的"[1]，实现共同富裕也是奋斗出来的。第一次分配在市场，主要看人民群众的努力奋斗、能力发挥和业绩贡献。让一部分人先富起来，一定意义上是从这个角度讲的。第二次分配在政府，主要看政府调节，其实质主要讲的是制度正义与人民奉献。今天，人们都在讲第三次分配，这次分配在社会，主要看社会道义与人民慈善。从三次分配中，尤其是第二次、第三次分配中，可以看到人民群众的团结奋斗、贡献奉献在促进共同富裕中的重要作用，离开人民群众的团结奋斗、贡献奉献，是不可能实现共同富裕的。[2] 可见，从理论逻辑、历史逻辑和实践逻辑的

---

[1] 《习近平主席新年贺词（2014—2018）》，人民出版社 2018 年版，第 3 页。

[2] 参见韩庆祥：《促进共同富裕为什么必须坚持以人民为中心的发展思想》，《经济日报》2021 年 11 月 7 日。

角度来看，坚持以人民为中心与促进共同富裕，始终是相辅相成、相互贯通、形影相随的关系。

3. 衡量共同富裕的标准要立足以人民为中心

党的二十大报告指出："我们要实现好、维护好、发展好最广大人民根本利益，紧紧抓住人民最关心最直接最现实的利益问题，坚持尽力而为、量力而行，深入群众、深入基层，采取更多惠民生、暖民心举措，着力解决好人民群众急难愁盼问题，健全基本公共服务体系，提高公共服务水平，增强均衡性和可及性，扎实推进共同富裕。"[1]坚持以人民为中心，必须把群众满意度作为衡量实现共同富裕成效的重要尺度，把人民群众的获得感、幸福感、安全感，作为评判实现共同富裕成效的根本标准。以人民为中心有三层含义，这就是：把人民当作目的，一切为了人民；把人民当作主体，一切依靠人民；把人民当作尺度，坚持人民至上。[2]坚持人民至上，就是要把群众满意度作为衡量实现共同富裕成效的重要尺度，把实现好、维护好、发展好最广大人民根本利益作为实现共同富裕工作的出发点和落脚点。提高受教育程度、增强发展能力、提高就业质量创造更加普惠公平的条件，畅通向上流动通道，推动人的全面发展，给更多人创造致富机会，切实解决发展不平衡不充分问题和人民群众急难愁盼问题，就是让发展成果更多更公平惠及全体人民，不断促进人的全面发展，朝着

---

① 习近平：《高举中国特色社会主义伟大旗帜 为全国建设社会主义现代化国家而团结奋斗——在中国共产党第二十次全国代表大会上的报告》，人民出版社 2022 年版，第 46 页。

② 参见韩庆祥：《促进共同富裕为什么必须坚持以人民为中心的发展思想》，《经济日报》2021 年 11 月 7 日。

实现全体人民共同富裕不断迈进。坚持发展为了人民、发展依靠人民、发展成果由人民共享，就是要把人民满意不满意、高兴不高兴、答应不答应、赞成不赞成作为衡量党和国家一切工作的根本标准，以造福人民为最大政绩，始终把人民利益摆在至高无上的地位。

二、共享发展与共同富裕

促进共同富裕是社会主义的本质要求，是中国式现代化的重要特征，其逐步落实须贯彻新发展理念，在高质量发展中坚持发展成果由全体人民共享。共享发展作为新发展理念的重要内容，与推进共同富裕息息相关。共享发展理念作为实现共同富裕的落脚点，在开启建设社会主义现代化强国的全新历史时期，为我国新发展阶段指明了价值取向和动力。

（一）共享发展与共同富裕的关系

共同富裕和共享发展是目标指引和实现路径的关系。一方面，共同富裕是共享发展的目标，为共享发展提供目标指引；另一方面，共享发展是共同富裕的实现路径，共同富裕的实现有赖于共享发展。共享发展与共同富裕的要求高度契合，其根本内涵就是通过让广大人民群众共享改革发展成果，形成发展的良性循环，最终实现共同富裕。

1.共同富裕是共享发展的根本目标

习近平总书记指出："共享理念实质就是坚持以人民为中心的发展

思想，体现的是逐步实现共同富裕的要求。"①"共享"和"共富"在本质上既具有同一性又体现出前者对后者的继承，可以说，共同富裕既是共享发展的本质展现又是共享发展的物质保障。共同富裕思想的核心是"共同"，这里的"共同"不是指"同时""同等"，而是指全体人民都富裕起来。按照马克思恩格斯的构想，共产主义社会将彻底消除阶级之间、城乡之间、脑力劳动和体力劳动之间的对立和差别，实行各尽所能、按需分配，真正实现社会共享、实现每个人自由而全面的发展。在中国古代哲学中，共享发展的思想也体现出实现共同富裕的基本理想。孔子在《论语·季氏》第十六篇中指出"不患寡而患不均"，《孟子·梁惠王上》提出"老吾老以及人之老，幼吾幼以及人之幼"，《礼记·礼运篇》中更是具体而生动地描绘了"小康"社会和"大同"社会的状态。在中国特色社会主义新时代，我国的"十四五"规划和2035年远景目标纲要更是指出"坚持人民主体地位，坚持共同富裕方向，始终做到发展为了人民、发展依靠人民、发展成果由人民共享"②，这一判断强调共享发展的长期目标，是要让全体人民群众的生活水平在全面建成小康社会的基础上继续稳步提升，直至实现共同富裕。可以说，共享发展理念的实质就是坚持以人民为中心的发展思想，通过让广大人民群众共享改革发展成果，形成发展的良性循环，最终实现共同富裕。因而，共同富裕是共享发展的根本目标，为共享发展提供目标指引。当然，实现共同富裕目标需要一个漫长的历史过程。当前，我国正处于并将长期处于社会主义初级阶段，要根据现有条件把能做的事情尽量做起来，积小胜为大胜，不断朝着全体人民共同富裕的目标前进。

---

① 习近平：《深入理解新发展理念》，《求是》2019年第10期。

② 中共中央党史和文献研究院编：《十九大以来重要文献选编》（中），中央文献出版社2021年版，第791页。

2.共享发展是共同富裕的实现路径

共同富裕是发展过程和发展结果的辩证统一。发展是硬道理，社会主义的本质就是消除两极分化并最终实现共同富裕，没有发展就没有共同富裕，共同富裕只能在发展中实现。人类对于美好生活的追求是永无止境的，共同富裕作为发展的动态过程也永远是进行时，人类的发展始终在追求共同富裕的进程之中。但是，发展只是共同富裕的必要而非充要条件，社会主义国家的发展的最终目的是社会持续完善直至尽善尽美，而如果发展的结果是导致贫富两极分化，就偏离了人民对发展的期待，也偏离了社会主义的本质。没有社会主义公有制等制度的保障，再富裕的社会也不可能是共同富裕。① 因此，为了避免出现资本主义国家剥夺民众分享发展成果而导致社会撕裂，中国的共同富裕之路必定是一条能够维护人民共享发展的权利和社会的团结稳定的共享发展之路。

所谓"共享"，"共"指的是"共同"，也就是指全体人民；"享"即为"享有"，享有的对象既可以是发展的成果，也可以是发展的机会。共享发展要确保人民的主体地位，保证人民可以依法平等地参与国家建设和享有国家建设成果。走共享发展之路是中国特色社会主义的本质要求，是中国特色社会主义的内在规定和本质要求，是实现社会主义现代化强国目标的内在要求，是习近平新时代中国特色社会主义思想的重要内容，是社会主义制度优越性的鲜明特色。一方面，要充分调动人民群众的积极性、主动性、创造性，举全民之力推进中国特色社会主义事业，不断把"蛋糕"做大。另一方面，要充分发挥社会主义制度的优越性，把不断做大的"蛋糕"分好。例如，通过扩大中等

---

①　参见吴宁：《共同富裕与共享发展》，《广西社会科学》2022 年第 1 期。

收入阶层、逐步形成橄榄型分配格局,加大对困难群众的帮扶力度,坚决打赢农村贫困人口脱贫攻坚战等措施,让人民群众有更多获得感。

(二)共享发展是共同富裕人民性的集中体现

共享发展的主体是人民,共同富裕是全体人民的富裕,共享发展集中体现了以人民为中心的发展思想的价值追求。共享改革发展成果,就是使全体人民都能从社会经济的发展进步中普遍受益,其人民性内涵与共同富裕的内在价值具有高度契合性。只有让改革发展成果更多更公平惠及全体人民,才能朝着实现全体人民共同富裕目标不断迈进。

1. 共享发展是以人民为中心的价值诉求

马克思恩格斯在《共产党宣言》中明确指出,"无产阶级的运动是绝大多数人的、为绝大多数人谋利益的独立的运动"[1]。这一鲜明的政治立场,充分体现了马克思主义政党的根本性质和宗旨。为人民谋幸福、为民族谋复兴,既是我们党领导现代化建设的出发点和落脚点,也是新发展理念的灵魂。让广大人民群众共享改革发展成果,是社会主义的本质要求,是社会主义制度优越性的集中体现,是我们党坚持全心全意为人民服务根本宗旨的重要体现。只有坚持以人民为中心的发展思想,坚持发展为了人民、发展依靠人民、发展成果由人民共享,才会有正确的发展观、现代化观。[2] 建党百余年,在中国共

---

[1] 《共产党宣言》,人民出版社 1997 年版,第 39 页。

[2] 参见燕连福:《共享发展理念的深刻内涵及理论贡献》,《经济日报》2021 年 10 月 27 日。

产党带领人民"站起来""富起来""强起来"的历史性飞跃中，共享发展内涵也在不断丰富和完善。党的十七大报告指出"走共同富裕道路，促进人的全面发展，做到发展为了人民、发展依靠人民、发展成果由人民共享"，论述了人民共享发展成果与社会主义本质之间的关系。党的十八大报告将"让人民群众共享发展成果"明确为中国特色社会主义本质要求，这就与以人民为中心的发展思想形成了高度的统一性。2016 年 1 月，习近平总书记在省部级主要领导干部学习贯彻党的十八届五中全会精神专题研讨班上的讲话中提出"共享发展是人人享有、各得其所，不是少数人共享、一部分人共享"①，深刻指出共享主体是全体人民。2021 年 3 月，《中华人民共和国国民经济和社会发展第十四个五年规划和 2035 年远景目标纲要》中指出"坚持人民主体地位，坚持共同富裕方向，始终做到发展为了人民、发展依靠人民、发展成果由人民共享"②。在阐述全面建设社会主义现代化国家必须牢牢把握的重大原则时，党的二十大报告指出："坚持以人民为中心的发展思想。维护人民根本利益，增进民生福祉，不断实现发展为了人民、发展依靠人民、发展成果由人民共享，让现代化建设成果更多更公平惠及全体人民。"③这一判断强调共享发展是长期目标，是要让全体人民群众的生活水平在全面建成小康社会的基础上继续稳步提升，直至实现共同富裕。

---

① 《习近平谈治国理政》第二卷，外文出版社 2017 年版，第 215 页。

② 中共中央党史和文献研究院编：《十九大以来重要文献选编》（中），中央文献出版社 2021 年版，第 791 页。

③ 习近平：《高举中国特色社会主义伟大旗帜　为全面建设社会主义现代化国家而团结奋斗——在中国共产党第二十次全国代表大会上的报告》，人民出版社 2022 年版，第 27 页。

2.共享发展是实现社会公平正义的根本途径

公平正义是社会主义的本质要求和核心理念。2015年10月，习近平总书记在党的十八届五中全会第二次全体会议上旗帜鲜明地指出，"共享发展注重的是解决社会公平正义问题"①。这一重要论述既包含着我们党对实现全体人民共同富裕的追求，又体现了我们党对维护社会公平正义的高度重视。这也告诉我们，共享发展作为当前中国发展的战略性指引，是实现社会主义公平正义的根本战略与途径。共同富裕是马克思主义的一个基本目标，也是我国人民自古以来的理想追求。马克思主义认为，正义作为一种价值观的要求，是从属于社会的经济发展的；社会进步的真正基础是社会经济的发展。公平正义首先是社会生产力发展的产物，只有当生产力发展到一定水平，物质财富积累到一定程度，公平正义才会成为人民的追求。正如习近平总书记所说，"实现社会公平正义是由多种因素决定的，最主要的还是经济社会发展水平"②。社会经济的发展才是实现社会公平正义的物质基础，贫穷社会下的公平正义注定只是空想。

当然，经济发展和社会公平正义之间并不能画等号，"拉美陷阱"的经验教训表明，没有共享理念，经济繁荣的红利就会被少数人拿走。改革开放后，我国提出"效率优先，兼顾公平"的经济发展模式，在当时的背景下对解放绝对平均主义的思想桎梏具有很大的积极意义。但是，随着经济持续快速发展，过分强调效率在带来中国经济飞跃的同时，也带来了贫富差距、城乡差距等不公平现象，已经影响到中国发展稳定的大局。为此，党的十八届五中全会提出，"坚持共

---

① 习近平：《在党的十八届五中全会第二次全体会议上的讲话（节选）》，《求是》2016年第1期。

② 《习近平谈治国理政》第一卷，外文出版社2018年版，第96页。

享发展，必须坚持发展为了人民、发展依靠人民、发展成果由人民共享，作出更有效的制度安排，使全体人民在共建共享发展中有更多获得感，增强发展动力，增进人民团结，朝着共同富裕方向稳步前进"[1]。一方面强调继续把蛋糕做大做厚，另一方面更强调把蛋糕切好分好，努力使全体人民在学有所教、劳有所得、病有所医、老有所养、住有所居上持续取得新进展。不仅如此，这一论断还意味着社会主义中国的全体人民都被组织动员到实现公平正义的主体队伍之中。只有切实落实人民利益共享、财富共享、机会共享、发展成果共享，才能让全体人民从内心深处感受到当家作主的主体地位，才能激发人民的创新精神，激发人们的创造活力，激发不断推进公平正义社会建设的热情和力量，进而让一切劳动、知识、技术、管理和资本的活力竞相迸发，让一切创造社会财富的源泉充分涌流，形成一个共享发展与公平正义互促互补的良性循环，真正实现公平正义。可以说，在全面建成小康社会的关键时期，共享发展大大提升了发展的层次、质量和水平，人人参与、人人尽力、人人享有的发展理念不仅让人民群众有更多获得感、幸福感，更为实现最广大人民群众真正意义上的、实实在在的公平正义奠定了坚实基础。

三、共享发展推动实现共同富裕的原则

共享发展的人民性内涵及其与共同富裕的关系决定了我国在推

---

[1] 中共中央文献研究室编：《十八大以来重要文献选编》（中），中央文献出版社2016年版，第793页。

进共同富裕的进程中，要始终坚持以人民为中心的发展思想，把实现好、维护好、发展好最广大人民根本利益作为发展的出发点和落脚点。具体而言，以共享发展推动实现共同富裕需要遵循以下四个原则。

（一）实现全民共享

共同富裕的核心是全体人民共享发展成果，实现共同富裕首先离不开实现全民共享。社会主义中国的共同富裕是所有的人一个都不能少的富裕，这就决定了我们所要实现的不是两极分化的富裕，不是少数人和个别地区的富裕，而是包括每个人的全体人民的富裕。马克思主义政治经济学认为，生产资料所有制是分配方式的基础，有什么样的所有制，就有什么样的分配方式。在资本主义私有制条件下，绝大多数社会财富被少数人、一部分人占有，个人利益与社会共同利益是尖锐对立的、不可调和的。社会主义以生产资料公有制为基础，决定了全体人民根本利益的一致性，必然要求人人享有、各得其所、共同富裕。全体人民共享发展成果体现了社会主义制度的质的规定性，是共同富裕要求的具体实现形式。党的十八大以来，以习近平同志为核心的党中央坚持以新发展理念统领我国经济社会发展全局，提出"始终坚持以人民为中心的发展思想，一件事情接着一件事情办，一年接着一年干，就一定能够不断推动全体人民共同富裕取得更为明显的实质性进展"[①]。党的十九届五中全会对推进共享发展、实现共同富裕作出了具体部署，即"坚持人民主体地位，坚持共同富裕方向，始终做

---

① 《习近平谈治国理政》第四卷，外文出版社 2022 年版，第 134 页。

到发展为了人民、发展依靠人民、发展成果由人民共享"①。这充分彰显了以人民为中心的发展思想，为我国在"十四五"乃至更长时期推进共享发展、逐步实现全体人民共同富裕指明了方向。需要注意的是，虽然在推进共同富裕进程中，允许一部分人和一部分地区先富起来，但这是为了让先富带动后富，先富帮助后富，最终实现共同富裕。因此，允许一部分人和一部分地区先富起来，是实现共同富裕的必经过程和必要手段，与实现全民共享的理念并不相悖。

（二）实现全面共享

实现共同富裕要求实现全面共享，这是针对共享的内容而言的。全面共享就是要让全体人民共享中国共产党团结带领中国人民在经济、政治、文化、社会、生态等各方面所取得的全面辉煌成就，并且以全面的制度安排来保障全体人民享有各方面成果的合法权益。②2021年8月，习近平总书记在中央财经委员会第十次会议上的讲话中强调："共同富裕是社会主义的本质要求，是中国式现代化的重要特征。我们说的共同富裕是全体人民共同富裕，是人民群众物质生活和精神生活都富裕，不是少数人的富裕，也不是整齐划一的平均主义。"③ 物质生活与精神生活是辩证统一的，物质生活是精神生活的基础，精神生活是物质生活的保障。在新时代中国特色社会主义条件下，人民群众的物质生活和精神生活都要富裕，实现共同富裕既要满足人民群众不

---

① 中共中央党史和文献研究院编：《十九大以来重要文献选编》（中），中央文献出版社2021年版，第791页。

② 参见曹克亮：《全面理解共享理念与共同富裕》，《前线》2021年第11期。

③ 《习近平谈治国理政》第四卷，外文出版社2022年版，第142页。

断增长的物质需要，也要满足人民群众对民主参与、精神文化、公平正义、社会和谐、环境友好等方面的需求。从这一层面来说，共同富裕的内涵极为丰富，它不仅包括人民群众在衣食住行等物质条件上的富足，还包括人民群众在文化、娱乐等精神层面上的富有，包括获得感、安全感、幸福感，包括人的生理需求、安全需求、尊重需求、社交需求、自我实现需求，包括人民对美好生活向往的更好就业、收入分配、教育、社保、医疗、住房、养老、扶幼等各方面保障，总之包括中国社会主义现代化建设的各个领域和各个方面。这就决定了我们所要实现的共同富裕是全面的富裕，是解决了人民对美好生活的需要与不平衡不充分发展之间矛盾的富裕，为的是促进人的全面发展。可以说，将满足人民群众物质生活需要与满足人民群众精神生活需要统一到共同富裕范畴，拓展了人民群众对美好生活向往的丰富内涵，体现了社会存在与社会意识辩证统一的唯物史观。为此，在新时代推动实现共同富裕的过程中，要坚持社会主义基本经济制度，不断调整收入分配格局，完善以税收、社会保障、转移支付等为主要手段的再分配调节机制，解决好收入差距问题，使发展成果更多更公平惠及全体人民，更好维护社会公平正义，切实做到全体人民共享国家经济、政治、文化、社会、生态各方面建设成果，全面保障人民群众在各方面的合法权益，不断增强人民群众在奔向共富之路上的获得感、幸福感、安全感，从而实现共享改革发展成果和幸福美好生活的目标。

（三）实现共建共享

实现共同富裕要求实现共建共享，这是针对共享的实现途径而言的。党的二十大报告指出："全面建设社会主义现代化国家，必须充分发挥亿万人民的创造伟力。"①习近平总书记也指出:"共建才能共享,共建的过程也是共享的过程。要充分发扬民主,广泛汇聚民智,最大激发民力,形成人人参与、人人尽力、人人都有成就感的生动局面。"②共享发展必须是共享和发展的统一。要共享,先共建,物质生产力的发展需要全体人民群众勠力同心,全体人民群众都参与到社会主义建设中来。只有共建才有共享,没有人人参与的共建,就没有人人享有的共享。共建共享是要在共建过程中依据社会主义基本分配制度对发展成果进行共享,不是建好了再共享,也不是其他人建好了我共享,而是要在汇集群力、民智过程中实现人人参与、人人尽力、人人享有的局面。历史上剥削阶级占统治地位的社会最突出的矛盾是统治阶级不劳而获,劳动人民创造财富却陷入贫穷。社会主义建立了公有制,劳动者共同占有生产资料,共同参与劳动,共同享有劳动成果,劳动者占有自己的劳动成果,消除了产生贫穷的社会根源,共同富裕才能真正得以实现。中国特色社会主义事业是全体人民的共同事业,幸福美好生活来源于全体人民的创造性劳动,中国共产党坚持人民主体地位,顺应人民群众对美好生活的向往,把不断实现好、维护好、发展好最广大人民根本利益作为一切工作的出发点和落脚点,始终坚持发展为了人民、发展依靠人民、发展成果由人民共享,充分调动人民群众的积极性、主动性、创造性,在高质量发展中扎实推进共建共享,通过体制机制创新,让一切创造财富的源泉充分涌流,同时不断健全和完善社会主义分配制度,确保全体人民共享发展成果,实现共同富裕。

---

① 习近平:《高举中国特色社会主义伟大旗帜 为全面建设社会主义现代化国家而团结奋斗——在中国共产党第二十次全国代表大会上的报告》,人民出版社 2022 年版,第 70 页。

② 习近平:《深入理解新发展理念》,《求是》2019 年第 10 期。

（四）实现渐进共享

实现共同富裕要求实现渐进共享，这是针对共享的推进进程而言的。共享发展是一个从低级到高级、从不均衡到均衡的过程。2016年1月，习近平总书记在省部级主要领导干部学习贯彻党的十八届五中全会精神专题研讨班上的讲话中指出，"一口吃不成胖子，共享发展必将是一个从低级到高级、从不均衡到均衡的过程，即使达到很高的水平也会有差异"①。实现全体人民共同富裕是一项长期任务，不可能一蹴而就，同时，全体人民共同富裕也是一个现实任务。当前我国区域之间、城乡之间、行业之间、个人之间的收入差距还比较大，对人们的生产积极性、社会凝聚力、经济竞争力产生不利影响，对此不能听之任之，而是要瞄准地区差距、城乡差距、收入差距等问题，统筹各种需要和可能，立足于我国处于并将长期处于社会主义初级阶段，但已进入新发展阶段、贯彻新发展理念、构建新发展格局的新时期这一重大判断基础之上，遵循"允许一部分人、一部分地区先富起来，先富带后富，最终实现共同富裕"发展规律，在渐进过程中推动和化解发展的不平衡不充分问题，循序渐进地推进共同富裕。要科学认识和正确处理实现共同富裕的长期性与现实性的相互关系，立足国情、立足经济社会发展水平思考设计共享政策，着力抓好保障和改善民生各项工作，不断增强人民的获得感、幸福感、安全感，不断推进全体人民共同富裕。正如习近平总书记所指出的："促进全体人民共同富裕是一个长期任务，也是一项现实任务，急不得，也等不得，必须摆在更加重要的位置，脚踏实地，久久为功，向着这个目标作出更

---

① 习近平：《深入理解新发展理念》，《求是》2019 年第 10 期。

加积极有为的努力。"①

四、共享发展推动实现共同富裕的政策建议

共享发展是共同富裕这一社会主义本质要求的根本体现，也是中国式现代化的重要特征。在扎实推动共同富裕的历史进程中，必须坚持以共享发展理念为指引，提高经济发展质量，促进区域协调发展，推动城乡一体化发展，推进收入分配制度改革，深化精神文明建设。

（一）提高经济发展质量

党的二十大报告指出："高质量发展是全面建设社会主义现代化国家的首要任务。"②2021 年 8 月，习近平总书记在中央财经委员会第十次会议上强调，"要坚持以人民为中心的发展思想，在高质量发展中促进共同富裕"③。共享发展以生产力发展为前提。提高经济发展质量是逐步实现共同富裕的关键举措和重要途径，实现共同富裕目标的物质基础必须以经济高质量发展来夯实。一是要加快转变经济发展方式。要把发展的质量问题摆在更为突出的位置，以最少的能源消耗、

① 习近平：《论把握新发展阶段、贯彻新发展理念、构建新发展格局》，中央文献出版社 2021 年版，第 503 页。

② 习近平：《高举中国特色社会主义伟大旗帜　为全面建设社会主义现代化国家而团结奋斗——在中国共产党第二十次全国代表大会上的报告》，人民出版社 2022 年版，第 28 页。

③ 《在高质量发展中促进共同富裕　统筹做好重大金融风险防范化解工作》，《人民日报》2021 年 8 月 18 日。

最低的资金投入来创造最大的经济效益，不断推动生产力发展，为实现全体人民共同富裕奠定坚实的物质基础。二是要努力提高发展的协调性。要坚持社会主义市场经济体制，立足社会主义初级阶段，要坚持公有制为主体和多种所有制经济共同发展的方针，大力发挥公有制经济在促进共同富裕中的重要作用，同时要促进非公有制经济健康发展。三是要努力提高发展的包容性。要高度重视低收入群体收入水平的保障与提升。既要加大普惠性人力资本投入，提高低收入群体及其子女的人力资本水平，提高其内生发展能力，又要逐步完善养老和医疗保障体系以及兜底救助体系，逐步提高城乡最低生活保障水平，兜住基本生活底线。

（二）促进区域协调发展

区域协调发展是实现全体人民共同富裕的必由之路。一是要着力构建支撑共同富裕目标的区域协调发展战略，增强区域发展的平衡性。始终坚持以区域协调发展战略为根本框架，深度融合多项区域重大战略，不断提高区域一体化发展程度，发挥我国巨型规模市场优势，同时健全转移支付制度，缩小不同行政区域之间的财力差距。二是要继续完善中央与地方之间的财政转移支付制度，在不断提高市场一体化程度的同时，加大对地方政府的财政转移支付力度，让所有区域都有机会分享发展的成果。同时，也应该提高财政转移支付的精准性，让所有区域既能够获得一定的利益分享，也能够得到与自己发展付出相匹配的额外利益。三是要深化区域合作互动机制。建议以京津冀地区、长江经济带、粤港澳大湾区、长三角地区和黄河流域为重点对象，加快提升合作层次和水平。同时加强城市群内部城市间的紧密合作，推动城市间产业分工、基础设施、公共服务、环境治理、对外开放和改革创新等协调联动，加快构建大中小城市和小城镇协调发展的城镇化格局。四是要加快推动基本公共服务均等化。基本公共服务均等化不仅是实现区域协调发展的必然要求，也是提升欠发达地区发展能力的重要前提。要深入推进财政事权和支出责任划分改革，建立权责清晰、财力协调、标准合理、保障有力的基本公共服务制度体系和保障机制，将更多的政策资源向贫困地区、薄弱环节和重点人群倾斜，加大对省域范围内基本公共服务薄弱地区扶持力度，通过完善省以下财政事权和支出责任划分、规范转移支付等措施，逐步缩小县域间、市地间基本公共服务差距。

（三）推动城乡一体化发展

突出推进城乡一体化进程，加快城乡资源要素的双向流动。一是将县域区域一体化作为县域发展的重大战略，进行统筹谋划，选择一批有地域优势、历史文化渊源、产业发展基础的县域开展区域经济一体化试点，支持县域间突破行政边界，建立区域协作制度框架，形成互联互通的区域市场体系，支持突破县域边界的重大基础设施、公共合作平台、产业链项目建设，支持区位优越、人口集中、经济较发达、集聚作用强的县城加快建设成为引领区域发展的增长极。二是深化公共产品供给侧改革，确保城乡社会共享发展成果。打破城乡公共服务二元结构的传统模式，建立和完善城乡一体化的公共服务保障体系。消除对农民和农民工带有歧视性的就业政策、户籍制度，尽快解决阻碍农村地区公共服务均衡供给的体制障碍、制度障碍和政策障碍。建立健全城乡统筹的公共产品供给模式，扩大和提高农村居民享受公共服务的服务范围和服务水平。三是完善城乡公共产品供给的市场机制，加大政府购买公共服务的力度，鼓励社会力量参与提供城乡公共产品；从提高供给质量出发，推进公共产品结构调整，增强供给结构对需求变化的适应性和灵活性，更好地满足城乡融合发展的需要。

（四）推进收入分配制度改革

党的二十大报告指出："分配制度是促进共同富裕的基础性制度。"①实现共同富裕要坚持按劳分配为主体、多种分配方式并存，正确处理初次分配、再分配、第三次分配之间的关系，形成人人享有的合理分配格局，缩小收入分配差距，促进社会公平正义。要加快收入分配制度改革，缩小收入差距。共享不可能建立在两极分化之上，但共享也不是平均主义，体现在收入分配上，就需要公平公正地分享发展成果，多劳多得，少劳少得，使劳动致富真正成为社会普遍的行为准则，在不断发展生产的基础上，普遍提高人民的收入水平，建立公平、公正的收入分配改革制度。一是规范调节收入分配秩序。在推动居民收入增长和经济增长同步、劳动报酬提高和劳动生产率提高同步的过程中，扩大中等收入群体比重，增加低收入群体收入，合理调节过高收入，形成中间大、两头小的橄榄型分配结构，让更多低收入人群迈入中等收入行列，鼓励高收入人群和企业更多回报社会，发挥先富帮后富的作用。二是构建公平合理的收入分配制度。初次分配领域要借助于总体改革推进，重点是解决市场不完善和扭曲造成的利益

---

① 习近平：《高举中国特色社会主义伟大旗帜　为全面建设社会主义现代化国家而团结奋斗——在中国共产党第二十次全国代表大会上的报告》，人民出版社 2022 年版，第 46—47 页。

分配不平衡问题。再分配领域要增加税收调节收入分配的作用，完善公共转移支付的再分配功能应该成为公共财政改革的出发点和落脚点。① 三是不断完善社会保障制度，加大对特殊群体的转移支付力度。统筹协调社会保险、社会救助、社会福利等的发展，整合优化社会保障结构，守住不发生规模性返贫的底线。同时要重视发挥第三次分配的作用，大力发展慈善等社会公益事业。

（五）深化精神文明建设

"精神生活共同富裕"② 是习近平总书记在 2021 年中央财经委员会第十次会议上首次提出来的新论断，强调物质与精神相协调以及人们精神生活共同富裕的问题。党的二十大报告也明确指出："物质富足、精神富有是社会主义现代化的根本要求。物质贫困不是社会主义，精神贫乏也不是社会主义。我们不断厚植现代化的物质基础，不断夯实人民幸福生活的物质条件，同时大力发展社会主义先进文化，加强理想信念教育，传承中华文明，促进物的全面丰富和人的全面发展。"③ 这一论断表明，促进人民精神生活共同富裕，是全面建设社会主义现代化国家的重要追求，中国特色社会主义现代化建设，不仅是解放和发展社会生产力，促进经济增长，使更多的社会成员尽快富裕起来，更为根本的是要在搞好社会经济建设、缩短贫富差距、促进社会成员物

---

① 参见燕连福：《共享发展理念的深刻内涵及理论贡献》，《经济日报》2021 年 10 月 27 日。

② 习近平：《扎实推动共同富裕》，《求是》2021 年第 20 期。

③ 习近平：《高举中国特色社会主义伟大旗帜　为全面建设社会主义现代化国家而团结奋斗——在中国共产党第二十次全国代表大会上的报告》，人民出版社 2022 年版，第 22—23 页。

质上共同富裕的同时，使人民群众拥有充实丰富的精神生活且在精神生活上共同富裕。一是要加强社会主义核心价值观的引领。核心价值观是一个民族赖以维系的精神纽带，是一个国家共同的思想道德基础。要积极培育和弘扬社会主义核心价值观，使人们具有爱国情怀、主动维护集体利益、自觉抵制拜金主义、享乐主义、极端个人主义。二是要大力发展文化产业和文化事业。积极引导文化产业和文化事业彰显中国特色、中国气派、中国风格，创作更多满足人民文化需求和增强人民精神力量的优秀作品，发挥好优秀精神产品陶冶人、引领人、造就人和淳化社会风气的作用，建设好精神家园。三是要加强精神文明的宣传教育。及时澄清网络上各种模糊认识，指正各种错误观点，使人们明辨是非，营造风清气正的网络空间，加强社会舆论的价值引领。

（执笔人：李晨）

第 六 章 | 实现全体人民共同富裕的 制度保障

　　习近平总书记指出，"共同富裕是社会主义的本质要求，是中国式现代化的重要特征"①。党的二十大报告进一步强调，"扎实推进共同富裕"②。当前，我国已经到了扎实推动共同富裕的历史阶段，必须把促进全体人民共同富裕摆在更加重要的位置。公有制为主体、多种所有制经济共同发展，按劳分配为主体、多种分配方式并存，社会主义市场经济体制等社会主义基本经济制度，既体现了社会主义制度优越性，又同我国社会主义初级阶段社会生产力发展水平相适应，是党和人民的伟

---

　　①　习近平：《扎实推动共同富裕》，《求是》2021 年第 20 期。

　　②　习近平：《高举中国特色社会主义伟大旗帜　为全面建设社会主义现代化国家而团结奋斗——在中国共产党第二十次全国代表大会上的报告》，人民出版社 2022 年版，第 46 页。

大创造，为实现全体人民共同富裕提供了根本制度保障。

一、完善基本经济制度

党的十九届四中全会提出，"公有制为主体、多种所有制经济共同发展，按劳分配为主体、多种分配方式并存，社会主义市场经济体制等社会主义基本经济制度"①，这个提法首次将分配方式和社会主义市场经济体制并入基本经济制度中，与原有的所有制形式一起形成了比较完整的"三位一体"的制度体系。既体现了社会主义制度优越性，又同我国社会主义初级阶段社会生产力发展水平相适应，是党和人民的伟大创造。

（一）完善公有制为主体、多种所有制经济共同发展的所有制制度

我国在社会主义建设时期较多地借鉴了苏联经验，采取相对单一的公有制经济形式，经济发展较为缓慢。改革开放确立了中国特色社会主义制度，对所有制问题的认识在长期的实践探索中发生了逐步转变，公有制为主体、多种所有制经济共同发展的基本经济制度在党的十五大上得到最终确立。我国仍处于并将长期处于社会主义初级阶段的基本国情没有变。公有制为主体、多种所有制共同发展根植于社

---

① 中共中央党史和文献研究院编：《十九大以来重要文献选编》（中），中央文献出版社 2021 年版，第 509—510 页。

会主义初级阶段的基本国情，契合于社会主义初级阶段社会生产力发展水平，具有很强的现实针对性。党的十九届四中全会进一步明确了这一基本经济制度，为我们推进中国式现代化及共同富裕提供了制度保障。

1. 大力发挥公有制经济在促进共同富裕中的重要作用

坚持公有制为主体和共同富裕密不可分。共同富裕是坚持公有制为主体的必然结果，公有制为主体是实现共同富裕的内在要求。扎实推动共同富裕，必须大力发挥公有制经济在促进共同富裕中的重要作用。国有企业是中国特色社会主义的重要物质基础和政治基础，是我们党执政兴国的重要支柱和依靠力量，是推进现代化、保障人民共同利益的重要力量。国有企业多集中在关乎国计民生、国民经济命脉、国家安全和战略性新兴产业领域，国有企业在保障人民高质量生活、产业链供应链安全、粮食安全、能源安全方面发挥关键保障作用。农村集体经济是公有制经济的重要组成部分，是改善农村发展条件和振兴乡村的物质基础，是推进共同富裕的重要抓手。集体经济要积极参与土地规模化经营，不断提高自身的发展能力，增加农村基础设施建设的投入，不断改善农村人居环境，充分发挥促进共同富裕的作用。

2. 国有资产是全体人民的共同财富，要坚持国有企业在国家发展中的重要地位不动摇，把国有企业做大做强做优不动摇

探索公有制多种实现形式，鼓励发展国有资本、集体资本、非公有资本等交叉持股、相互融合的混合所有制经济，实现各种所有制资本取长补短、相互促进、共同发展，使我国基本经济制度发挥出更大

优越性。要加强党对国有企业的全面领导，加快健全中国特色现代企业制度，显著提升国有企业发展质量效益，改善国有资本布局结构，提高国有经济竞争力、创新力、控制力、影响力、抗风险能力，为共同富裕提供坚实物质基础。发挥党组织在国有企业中的领导核心和政治核心作用，国有企业党委（党组）发挥领导作用，把方向、管大局、保落实，依照规定讨论和决定企业重大事项。完整、准确、全面贯彻新发展理念，明确方向，把握大局，保证落实，规避风险。把加强党的领导和完善公司治理统一起来，明确党组织与其他公司治理主体的关系与职责边界，实现中国特色现代企业制度在企业的系统化、规范化、制度化。履行社会责任使命，建立共享共赢机制，国企需要彰显企业社会主义属性，贯彻以人民为中心，积极参与社会责任，充分体现社会主义集中力量办大事的优势，形成一系列惠及民生的创新示范应用，并推动成果普及。

3. 完善国有资本经营预算制度，改善国有资本经营预算管理

一是进一步扩大纳入国有资本经营预算管理的国有企业范围，争取实现全覆盖。二是落实党的十八届三中全会"提高国有资本收益上缴公共财政比例"等要求；对滞留于一般竞争领域的国有资本，划转比例可进一步提高。三是建立国有资本收益与国民福利的直接联系，进一步推动国有资本经营预算与公共预算的有机衔接，改善经营预算收入结构和支出结构，更充分体现国有资本收益的全民共享和倾向民生。继续完善国有资本划转社保基金工作。这既体现了国有资本全民所有、全民共享的公共属性，也有助于弥补社保资金缺口、提高社会保障水平，为降低社保缴纳费率、进而为减轻企业负担创造条件，从"分蛋糕"和"做蛋糕"两个方面同时促进共同富裕。

4.毫不动摇鼓励、支持、引导非公有制经济发展

多种所有制经济共同发展作为我国基本经济制度的重要组成部分载入宪法，毫不动摇地鼓励、支持、引导非公有制经济发展是党和国家的明确方针。在推动共同富裕的新征程上，民营经济具有十分重要的地位和作用。民营经济只能壮大，不能削弱，更不能离场。要促进非公有制经济健康发展、非公有制经济人士健康成长。要允许一部分人先富起来，同时要强调先富带后富、帮后富，重点鼓励辛勤劳动、合法经营、敢于创业的致富带头人。党的二十大报告指出："优化民营企业发展环境，依法保护民营企业产权和企业家权益，促进民营经济发展壮大。"[1]

（二）完善按劳分配为主体，多种分配方式并存的分配制度

党的二十大报告指出："分配制度是促进共同富裕的基础性制度。"[2]实行按劳分配为主体、多种分配方式并存的收入分配制度，是实现"使市场在资源配置中起决定性作用，更好发挥政府作用"和"公有制为主体，多种所有制经济共同发展"的重要制度安排。坚持多劳多得，鼓励勤劳致富，提高劳动报酬在初次分配中的比重。健全各生产要素由市场评价贡献，按贡献决定报酬的机制，让一切劳动、知识、技术、管理、资本、数据的活力竞相迸发，让一

---

[1]　习近平：《高举中国特色社会主义伟大旗帜　为全面建设社会主义现代化国家而团结奋斗——在中国共产党第二十次全国代表大会上的报告》，人民出版社 2022 年版，第 29 页。

[2]　习近平：《高举中国特色社会主义伟大旗帜　为全面建设社会主义现代化国家而团结奋斗——在中国共产党第二十次全国代表大会上的报告》，人民出版社 2022 年版，第 46—47 页。

切创造社会财富的源泉充分涌流，让发展成果更多更公平惠及全体人民。

生产要素是指在生产活动中不可或缺的各种因素之总和。它们在有形和无形产品的创造中，各自发挥着特定的功能。生产要素按贡献参与分配，就是依据各生产要素在再生产过程中发挥的效能，对国民收入进行分配，每种生产要素按照其在价值形成过程中的贡献参与分配。生产要素按贡献参与分配是由我国所有制的性质决定的，符合生产力发展对生产关系的要求。人类社会生产过程都是在一定的生产关系中采取一定的社会经济运行形式进行的，特定的生产关系和社会经济运行形式，决定着生产要素特定的社会性质和经济表现形式。我国社会主义市场经济以公有制为主体，多种所有制经济共同发展，决定了所有的生产要素都是以商品形式存在的，生产要素的使用都是以价值形成和价值增值为目的。从这个意义上讲，现阶段生产要素都具有资本的属性。我国目前尚处于社会主义初级阶段，生产力水平不平衡。这种不同层次的生产力必然要求在生产关系中有多种所有制的经济形式和经营方式同它相适应。长期以来的实践表明，无所不包的单一公有制经济形式并不能适应社会生产和社会生活的全方位需要，因而非公有制经济的相应发展也就成为符合经济规律的客观要求。这也决定了我国必须建立以公有制为主体、多种所有制共同发展的所有制制度。既然作为生产过程前提条件的要素归不同所有者所有，相应地，按投入生产过程的生产要素的贡献进行分配，也就成为发展市场经济的题中应有之义。

因此，要立足基本国情，坚持以经济建设为中心，在发展中调整收入分配结构，着力创造公开公平公正的体制环境，坚持按劳分配为主体、多种分配方式并存，以制度规定贯彻按劳分配原则，重点保护劳动所得，提高劳动收入和劳动报酬，坚持初次分配和再分配调节并重，保障传统要素收益权和使用权，继续完善劳动、资本、技术、管理、数据等要素按贡献参与分配的初次分配机制，加快健全以税收、社会保障、转移支付为主要手段的再分配调节机制。建立公共资源出让收益合理共享机制。完善慈善捐助减免税制度，引导、支持有意愿有能力的企业、社会组织和个人积极参与公益慈善事业。完善收入分配调控体制机制和政策体系，完善个人收入和财产信息系统，保护合法收入，调节过高收入，取缔非法收入，增加低收入者收入，扩大中等收入者比重，努力缩小城乡、区域、行业收入分配差距，逐步形成橄榄型分配格局。

（三）完善使市场在资源配置中起决定性作用，更好发挥政府作用的市场经济体制

推进共同富裕需要强大的物质基础。市场经济被证明是最能解放和发展生产力的资源配置形式。习近平总书记指出："坚持社会主义市场经济改革方向。在社会主义条件下发展市场经济，是我们党的一个伟大创举。我国经济发展获得巨大成功的一个关键因素，就是我们既发挥了市场经济的长处，又发挥了社会主义制度的优越性。我们是在中国共产党领导和社会主义制度的大前提下发展市场经济，什么时候都不能忘了'社会主义'这个定语。之所以说是社会主义市场经济，就是要坚持我们的制度优越性，有效防范资本主义市场经济的弊端。我们要坚持辩证法、两点论，继续在社会主义基本制度与市场经济的结合上下功夫，把两方面优势都发挥好，既要'有效的市场'，也要'有为的政府'，努力在实践中破解这道经济学上

的世界性难题。"①政府与市场并非非此即彼的关系，两者是相互补充的关系，发挥市场配置资源决定性作用的同时，必须更好地发挥政府的作用。无论是宏观领域中的问题还是微观领域中的问题，都需要政府与市场相互紧密配合。市场经济的基本规律是市场对资源配置起决定性作用，但是决定性作用并不是全部作用，由于市场"失灵"的存在，"看不见的手"有好多做不好、做不了的事情，比如公共产品的提供、收入上的两极分化、市场中的垄断以及外部性的内在化等问题。解决市场失灵问题就需要政府这只"看得见的手"进行有限的调节，弥补市场缺陷，为市场机制充分发挥作用创造条件。与此同时，市场也可以帮助政府、校正政府，通过引入竞争机制提高政府内部行政效率，增加提供公共产品和服务的质量。

一是完善产权制度，实现产权有效激励。产权制度是社会主义市场经济的基石，保护产权是坚持社会主义基本经济制度的必然要求。有恒产者有恒心，经济主体财产权的有效保障和实现是经济社会持续健康发展的基础。因此，要健全以公平为原则的产权保护制度，全面依法平等保护民营经济产权；加快建立知识产权侵权惩罚性赔偿制度，加强企业商业秘密保护，完善新领域新业态知识产权保护制度。既要做好产权保护也要做好产权激励。

二是推进要素市场化配置，实现要素自由流动。要素市场是否健全，是衡量市场体制是否完善的重要尺度。我国现代市场体系建设已取得了长足进步，与商品和服务市场相比，要素市场建设相对滞后，成为制约劳动力、土地、资金、技术、信息等要素自由流动的主要障

---

① 习近平：《不断开拓当代中国马克思主义政治经济学新境界》，《求是》2020年第16期。这是习近平总书记2015年11月23日在十八届中央政治局第二十八次集体学习时的讲话。

碍之一。完善要素市场决定价格机制，提高市场配置资源效率。继续推进劳动力市场改革，实现劳动力在城乡之间自由流动。深化农村土地制度改革，建设城乡统一的建设用地市场，允许农村集体经营性建设用地出让、租赁、入股，实行与国有土地同等入市、同价同权。深化金融体制改革，增强金融服务实体经济能力，提高直接融资比重，促进多层次资本市场健康发展。

三是营造统一开放、竞争有序的市场环境。坚持问题导向，着力解决突出矛盾和问题，加快清理废除妨碍统一市场和公平竞争的各种规定和做法，破除各种封闭小市场、自我小循环。完善反垄断相关制度，强化竞争政策基础地位，加快转变政府职能，用足用好超大规模市场优势，让需求更好地引领优化供给，让供给更好地服务扩大需求，以统一大市场集聚资源、推动增长、激励创新、优化分工、促进竞争。以市场主体需求为导向，依法行政，公平公正监管，持续优化服务，加快打造市场化法治化国际化营商环境。为各类市场主体营造良好生态。

二、完善收入分配制度

党的二十大报告指出："分配制度是促进共同富裕的基础性制度。坚持按劳分配为主体、多种分配方式并存，构建初次分配、再分配、第三次分配协调配套的制度体系。"[1] 推进收入分配制度改革，缩小收入差距，维护社会公平正义，必须多管齐下，多策并举，逐

---

[1] 习近平：《高举中国特色社会主义伟大旗帜 为全面建设社会主义现代化国家而团结奋斗——在中国共产党第二十次全国代表大会上的报告》，人民出版社 2022 年版，第 46—47 页。

步理顺分配关系。除了初次分配中的劳动报酬比重切实得到提高之外，还需要再分配的各项调节机制对收入差距的调节更加有力、有效，在推进共同富裕中发挥更大作用。再分配是国民收入继初次分配之后在整个社会范围内进行的分配，是指国家的各级政府以社会管理者的身份，主要通过税收和财政支出的形式参与国民收入分配的过程。

（一）完善初次分配制度

党的二十大报告进一步强调了"两个比重"，即"努力提高居民收入在国民收入分配中的比重，提高劳动报酬在初次分配中的比重"[①]。初次分配是人们获得收入的主要来源，也是提高低收入群体收入、扩大中等收入群体、为更多人创造致富机会的主要途径。完善初次分配制度，要着重保护劳动所得，多劳多得，鼓励勤劳致富，努力实现劳动报酬增长和劳动生产率提高同步，提高劳动报酬在初次分配中的比重。健全工资决定和正常增长机制，完善最低工资和工资支付保障制度，完善企业工资集体协商制度。改革机关事业单位工资和津贴补贴制度，完善艰苦边远地区津贴增长机制。健全资本、土地、技术、管理、知识、数据等由要素市场决定的报酬机制，完善政策制度，探索多渠道增加中低收入群众要素收入，多渠道增加城乡居民财产性收入。扩展投资和租赁服务等途径，优化上市公司投资者回报机制，保护投资者尤其是中小投资者合法权益。

---

① 习近平：《高举中国特色社会主义伟大旗帜 为全面建设社会主义现代化国家而团结奋斗——在中国共产党第二十次全国代表大会上的报告》，人民出版社 2022 年版，第 47 页。

1. 深入实施就业优先战略，加大政策实施力度

就业是最基本的民生，实现更加充分、更高质量就业是推动全体人民共同富裕的重要基础。加大退税减税降费力度支持市场主体持续发展，稳定就业岗位；阶段性免除经济困难高校毕业生国家助学贷款利息，减轻毕业生负担；推进创新创业创造、新型城镇化和乡村振兴战略，增加更多就业岗位稳就业。鼓励和支持辛勤劳动、合法经营、敢于创业的致富带头人。更为重要的是，要提高就业质量，促进充分就业。我国高端技术技能人才和高级技工供不应求、传统行业中低端岗位劳动力供给过剩的就业结构性矛盾突出，需要加快发展包括职业教育和终身职业技能培训在内的各级各类教育。促进教育公平，提高教育质量，增强人力资本和人的发展能力。

2. 完善要素市场，推进共同富裕

完善矿产、天然气、水资源有偿使用制度，健全统一的公共资源交易平台，形成各种市场主体公平取得和占用公共资源的机制。将公共资源占用收益通过资源税有序进入国民收入分配渠道。推进土地资本收益分配制度建设。建立公共用途征地公众参与决策机制。通过严格限定公共用途占用土地，以最大限度减少农村集体土地的收益损失。改革公共用途建设用地无偿划拨制度，将其纳入市场交易轨道。逐步取消非公共用途建设用地无偿划拨制度。采用市场机制按照市场交易价格获取土地使用权。同时，配套改革土地财政体制。城乡集体建设用地实行同样市场交易规则，提高农村居民在土地收益中的分配份额。鼓励低收入人群以土地、资金、劳动、林权、技术为纽带，通过参股、合作等方式与企业、合作社等建立利益联结关系，拓宽财产性收入渠道。完善技术和数据交易市场，赋予科研人员职务科技成果

所有权或长期使用权，对科研人员实施股权、期权和分红激励，加大在知识产权及科技成果转化形成的股权、岗位分红权等方面的激励力度。管理参与分配的形式多样，如经营者持股、股票期权等等。在市场经济条件下，生产经营管理者活动越来越复杂和重要，能否找到一个优秀的企业家或职业经理人已经成为一个企业成败的关键因素。因此，让管理参与分配，才能够体现经营管理者的复杂劳动的价值，激发他们的创业精神和创新动力。构建数据要素收益分配机制，科学界定数据要素权属，促进数字红利共享。①

3. 完善资本市场体系，加强资本市场的财富分配功能

资本市场在增加居民财产性收入方面大有作为。党的十八届三中全会明确提出"优化上市公司投资者回报机制，保护投资者尤其是中小投资者合法权益，多渠道增加居民财产性收入"②。2013 年 2 月，国务院发布的《关于深化收入分配制度改革的若干意见》对"多渠道增加居民财产性收入"的措施给予了明确。该意见提出的"多渠道增加居民财产性收入"措施中，与资本市场有关的包括："加快发展多层次资本市场，落实上市公司分红制度，强化监管措施，保护投资者特别是中小投资者合法权益；丰富债券基金、货币基金等基金产品；支持有条件的企业实施员工持股计划；拓宽居民租金、股息、红利等增收渠道。"为了增强资本市场财富分配功能，增加居民收入，缩小收入差距，为投资者减轻税负，需要降低股票交易环节费用、实施股息红利税差别化征收，

---

① 参见宁吉喆：《构建初次分配、再分配、第三次分配协调配套的制度体系》，《人民日报》2022 年 12 月 29 日。

② 《中国共产党第十八届中央委员会第三次全体会议文件汇编》，人民出版社 2013 年版，第 66 页。

一是减轻了投资者的负担，同时也发挥了税收政策的导向作用，对鼓励长期投资，抑制短期炒作，促进中国资本市场长期稳定健康发展起到了积极作用。未来需要进一步优化分红税收政策，减轻投资者的红利税负，充分发挥现金分红的基础性机制作用。二是加强监管。加强监管，维护市场公平，是投资者在资本市场中获取合理财产性收入的重要保障，也是投资者分享中国经济成长成果和改革红利的基础。

（二）完善税收制度

必须充分发挥税收调节收入分配的作用。通过完善的税收制度，运用积极的税收手段，努力缩小收入分配差距，推进共同富裕。党的二十大报告指出："完善个人所得税制度，规范收入分配秩序，规范财富积累机制，保护合法收入，调节过高收入，取缔非法收入。"[①]

一要强化公平理念，完善税收调节机制。我国现行税收政策对个人收入的调节作用，主要通过征收个人所得税、财产税和消费税来调节，这些税种对调节居民个人收入差距起到了一定的作用。但是，在我国现行的税收制度中，间接税比重过大，直接调节个人收入分配的税种比较少，没有形成一个科学的个人收入的税收调节机制，而且消费税、个人所得税制不完善，财产税制度不健全。以间接税为主体的税制结构对于目前居民收入差距缺乏有力的调节。流转税大多具有累退性质，并且可以通过推动价格上涨进一步转嫁给消费者，增加居民特别是低收入居民税收负担，不利于收入分配公平的实现。从推进共同富裕看，应在税收

---

① 习近平：《高举中国特色社会主义伟大旗帜　为全面建设社会主义现代化国家而团结奋斗——在中国共产党第二十次全国代表大会上的报告》，人民出版社 2022 年版，第 47 页。

分配中强化公平理念，从公平收入分配角度优化税制结构。应立足于整个税制体系的建设，协调间接税和直接税，构建一个包括个人所得税、企业所得税、社会保障税、遗产税和赠与税、房地产税、消费税等在内的税收征管体系，调控高收入者的收入，缩小收入差距。

二要避免在税收监管中出现对收入分配的逆调节。高收入群体税收监管仍存在盲区，由此造成的贫富阶层实际税负不公，不仅没有起到调节收入分配的作用，反而在某种程度上扩大了贫富差距。应在加强税收征管的同时，设计更合理的税制结构以改变过去税收在收入分配差距上出现的"逆调节"。尽快完善个人所得税反避税制度，针对高收入者通过关联交易、在避税地设立企业转移利润不作分配或减少分配不缴税、实施不具有合理商业目的安排少缴或不缴税款等问题，由税务机关按照合理方法进行纳税调整。2021 年 12 月 30 日财政部、国家税务总局发布了《关于权益性投资经营所得个人所得税征收管理的公告》，2022 年 1 月 1 日起对持有股权、股票、合伙企业财产份额等权益性投资的个人独资企业、合伙企业，一律适用查账征收方式计征个人所得税。

三、完善社会保障体系

党的二十大报告指出："社会保障体系是人民生活的安全网和社会运行的稳定器。"[1]社会保障体系建设是实现社会财富二次分配、确保经济平稳运行、社会公平和谐的重要制度。"民惟邦本，本固邦宁。"

---

[1] 习近平：《高举中国特色社会主义伟大旗帜 为全面建设社会主义现代化国家而团结奋斗——在中国共产党第二十次全国代表大会上的报告》，人民出版社 2022 年版，第 48 页。

社会保障制度要融入推进共同富裕的历史进程，承担更大责任，发挥更大作用，为实现共同富裕提供制度保障和支撑。建立更加公平、可持续的社会保障体系，为百姓构筑坚实的民生后盾，人民才能享受到更多的发展红利。近年来，我国不断建立健全各项社会保障制度，多层次的社会保障体系框架基本形成，城乡居民养老保险实现了制度全覆盖，保障性住房建设步伐进一步加快，低保补助标准不断提高。但也还存在一些问题：养老保险待遇仍存在城乡差异，社会养老服务体系尚不健全，等等。因此，建立更加公平和可持续的社会保障制度，仍是推进共同富裕的一项艰巨任务。

（一）推动城乡居民基本养老保险高质量发展

2014 年 2 月，国务院常务会议决定合并新农保和城镇居民养老保险，建立全国统一的城乡居民基本养老保险制度。这一制度为每个人提供了同等的机会和权利。第七次全国人口普查结果显示，我国乡村 60 岁、65 岁及以上老人比重分别为 23.81%、17.72%，比城镇分别高出 7.99、6.61 个百分点。我国农村老龄人口基数大、占比高，随着中青年人口向城镇流动、家庭养老和土地保障功能弱化，城乡居民基本养老保险应当在促进共同富裕中发挥更为重要的作用。目前，城乡居民基本养老保险存在的主要问题：一是还有一些符合条件的人员没有参保，二是多数地方养老金水平偏低，三是业务管理特别是基金管理存在薄弱环节。[①] 未来应在制度模式、筹资方式、待遇支付等方

---

① 参见刘丛龙：《推动城乡居民基本养老保险事业高质量发展》，《学习时报》2022年 1 月 10 日。

面实现城乡无差距对接，最终实现城镇职工基本养老保险制度和新农保的有效融合和有效衔接，从而真正改善低收入居民的收入状况，缩小收入差距并扩大消费需求。

近年来，互联网平台经济异军突起，以"平台＋个人"为代表的灵活就业和新就业形态已经初具规模。一方面，它提供了大量灵活就业岗位，在拓宽就业渠道、增强就业弹性、增加劳动者收入等方面发挥了重要作用。但当前灵活就业人员社会福利偏低、部分法律法规不适应现有灵活就业人员发展趋势、职业培训服务跟进不及时、信息化管理与服务跟进不及时等问题不同程度地困扰这个庞大的群体。党的十二大报告指出，"支持和规范发展新就业形态"[1]。因此，应加强灵活就业和新就业形态劳动权益保障，进一步完善灵活就业人员服务和管理平台建设，及时了解灵活就业人员、灵活用工企业的收入、培训、用工及社会保障情况；构建法律援助"绿色通道"，推行集体谈判制度；规范平台企业用工，明确平台企业劳动保护责任。[2]

（二）完善住房保障制度

经过多年的实践探索，我国住房保障制度改革取得重要进展和宝贵经验，但目前保障性住房覆盖面还比较低，应继续推进住房保障制度改革，加快完善以公租房、保障性租赁住房和共有产权住房为主体

---

① 习近平：《高举中国特色社会主义伟大旗帜　为全面建设社会主义现代化国家而团结奋斗——在中国共产党第二十次全国代表大会上的报告》，人民出版社 2022 年版，第 47—48 页。

② 张纪南：《实施就业优先战略》，载《党的二十大报告辅导读本》，人民出版社2022 年版，第 440 页。

的住房保障体系。坚持房子是用来住的、不是用来炒的定位，租购并举，因城施策，完善长租房政策，扩大保障性租赁住房供给，重点解决好新市民住房问题。

整合发展以公共租赁住房为主要形式的住房保障模式，探索建立更加符合我国国情的住房保障制度。一是以增强针对性、有效性、公平性为重点，积极探索保障性住房建设、分配、管理的有效方式，建立更加完善的保障性住房供应体系，切实解决住房困难群众的住房问题，特别是满足新一代城市产业工人的城市定居需求，以消除大规模低收入群体可能形成的社会冲突风险。二是建立健全公开规范的住房公积金制度，改进住房公积金提取、使用、监管机制，实行全国统一垂直管理，着力提高住房公积金使用效率，更好发挥住房公积金的住房保障功能。此外，可以考虑让符合一定条件的失业人员和困难人员提前领取住房公积金，可为他们提供一定的生活保障，缓解他们的基本生活压力。

（三）健全社会救助制度

社会救助发展不平衡不充分的问题仍然较为突出。社会救助目标定位较低、较窄，一些救助政策和保障措施只覆盖特困人员、低保对象，政策叠加现象较为普遍；制度"碎片化"、协调联动不够，救助资源分散，救助信息不能互通共享，社会救助综合效能有待提升；救助方式和供给主体单一，难以满足困难群众多样化救助需求；实际执行中存在城乡救助标准的差异，特别是受制于户籍制度限制，救助对象基本上处于城乡分割、县级及以上行政区域分割的状态；一些地方投入不足，基层经办服务能力薄弱……这些问题影响了困难群众的获得感、幸福感、安全感，是当前基本民生兜底保障工作的短板和弱项。针对上述问题，2020 年 4 月，中共中央办公厅、国务院办公厅印发了《关于改革完善社会救助制度的意见》（以下简称《意见》），明确要求用 2 年左右时间，健全分层分类、城乡统筹的中国特色社会救助体系，在制度更加成熟更加定型上取得明显成效。到 2035 年，实现社会救助事业高质量发展，改革发展成果更多更公平惠及困难群众，民生兜底保障安全网密实牢靠，总体适应基本实现社会主义现代化的宏伟目标。作为引领新时代社会救助事业发展的纲领性文件，《意见》对改革完善社会救助制度作出系统部署，规划了未来一个时期我国社会救助制度建设的指导思想、基本原则、总体目标和重点任务，为推动实现社会救助事业持续高质量发展提供了根本保证。

城乡低保制度对保护我国的贫弱群体与推进共同富裕发挥着巨大的作用。但随着经济社会的发展，环境的变化，该制度需要进一步完善。一是加快推进低收入家庭认定工作，为医疗救助、教育救助、住房保障等社会救助政策向低收入家庭拓展提供依据；二是推进最低生活保障制度统筹发展。目前，我国以城乡居民最低生活保障制度为核心的城乡社会救助体系基本形成，发挥着重要的兜底保障作用。在城乡发展一体化进程中，城乡居民最低生活保障制度建设的着力点要逐步转向城乡统筹发展，重点是推进制度整合和待遇衔接，努力消除城乡制度上的差异，逐步缩小待遇标准上的差距。对于最低生活保障家庭中的老年人、未成年人、重度残疾人、重病患者等重点救助对象，应采取多种措施提高其救助水平。鼓励机关、企事业单位、社会组织和个人积极开展扶贫帮困活动；完善城市最低生活保障与就业联动、农村最低生活保障与扶贫开发衔接机制，鼓励积极就业；进一步明晰政府部门、经办人员、救助对象的权利、责任和义务，加大对违法、违纪、违规行为的治理力度。

（四）加快健全社会养老服务体系

随着我国快速进入老龄化社会，老年人的社会服务保障问题越来越突出。中央提出积极应对人口老龄化战略，让越来越多的老年人安度晚年，必须加快建立社会养老服务体系，大力发展老年服务产业，更好满足老年人特殊的服务保障需求。一方面，要动员社会各方面力量加快养老院、老年公寓、老年活动室等老年服务基础设施建设，积极发展老年护理、保健等老年服务产业；另一方面，要采取政府购买服务、民办公助等多种形式，探索和发展社区养老和医养结合新模式，完善民办养老机构资金扶持和税费减免政策，建立长期护理保险制度，积极引导社会组织和个人投资兴办养老服务业。同时，应结合城镇化发展和新农村建设，依托乡镇敬老院等，推动中心敬老院向区域性养老服务中心转变，向留守老年人及其他需要的老年人提供日间照料、短期托养、配餐等服务。在建制村和较大自然村，依托村民自治和集体经济，积极探索推进农村互助养老新模式，让农村地区的老年人安享晚年。

（五）健全特殊群体的服务保障制度

一是完善农村留守儿童、妇女、老年人关爱服务体系。要健全组织领导体系，建立领导责任制和相关部门工作协调机制。要健全服务体系，重点围绕留守人员的基本生活保障、教育、就业、卫生健康、思想情感等方面实施有效的关爱服务。要健全保障体系，加强相关基础设施建设，完善社会救助、就业扶持等政策。要加快完善农村劳动力输入地的户籍政策和享受基本公共服务政策，使更多的留守人员尽快融入城市生活，积极解决两地居住问题。二是完善残疾人权益保障制度。重点是要健全残疾人基本医疗、康复服务体系，落实各类用人单位按比例安排残疾人就业制度，为残疾人就业创业提供政策扶持，加强残疾人权益法律保护，大力营造尊重残疾人的良好社会氛围，真正让残疾人平等享有各种社会权益。三是完善困境儿童分类保障制度。针对我国儿童福利事业发展面临的新形势，要在孤儿国家保障制度的基础上，坚持总体规划与分类保障相结合，进一步明确困境儿童保障工作责任主体，完善工作机制和监管机制，加强政策制度创新和服务体系建设，加快探索建立困境儿童分类保障长效机制。

（执笔人：陈宇学）

第七章 | 共同富裕的重点难题

　　党的十八大以来，习近平总书记把逐步实现全体人民共同富裕摆在更加重要的位置上，深刻阐明新发展阶段促进共同富裕的重要意义、科学内涵、坚实基础和目标任务，强调共同富裕是社会主义的本质要求，是中国式现代化的重要特征，作出我国现在"已经到了扎实推动共同富裕的历史阶段"[①] 的重大判断。然而，共同富裕是一个长远目标，需要一个过程，不可能一蹴而就，在这个过程中，要充分认识到共同富裕与市场经济、数字经济，以及金融发展之间的辩证关系，不断深化供给侧结构性改革，努力构建高水平社会主义市场经济体制，积极推动经济高质量发展，为逐步实现共同富裕创

[①] 习近平：《扎实推动共同富裕》，《求是》2021 年第 20 期。

造良好条件、奠定坚实基础。

一、市场经济与共同富裕

党的二十大报告指出，构建高水平社会主义市场经济体制是加快构建新发展格局，着力推动高质量发展，推动实现中国式现代化的重要方面。"改革开放特别是党的十八大以来，我国坚持全面深化改革，充分发挥经济体制改革的牵引作用，不断完善社会主义市场经济体制，极大调动了亿万人民的积极性，极大促进了生产力发展，极大增强了党和国家的生机活力，创造了世所罕见的经济快速发展奇迹。"①同时也要看到，我国市场体系不健全、发育不完善、激励不足、资源配置效率不高等问题仍然较为突出，难以满足高质量发展的内在要求，必须加快完善社会主义市场经济体制，激发全社会创新创业活力，为实现共同富裕提供物质和制度保障。

（一）正确认识市场经济与共同富裕的辩证关系

社会主义市场经济体制是中国特色社会主义的重大理论和实践创新，是社会主义基本经济制度的重要组成部分，它充分调动了人民群众的积极性、主动性和创造性，不断把"蛋糕"做大，然后通过合理的制度安排，把不断做大的"蛋糕"分好，也是逐步实现全体人民共

---

① 《中共中央　国务院关于新时代加快完善社会主义市场经济体制的意见》，《人民日报》2020 年 5 月 19 日。

同富裕的市场经济。也就是说，市场经济与共同富裕辩证统一，市场经济的充分发展是实现共同富裕的不可缺少的前提条件和重要途径，共同富裕也并不是要削弱市场经济。

第一，市场经济通过竞争机制，激发各类市场主体活力，不断把"蛋糕"做大，为共同富裕奠定物质基础。为了占有更大市场份额、获得更多利润，从而在竞争中立于不败之地，经济主体会持续进行产品、技术、管理、模式等方面的创新，使其比同行业的其他企业更具竞争优势；而在竞争压力的作用下，竞争者也会千方百计采用新的更有效率的生产方式；一旦该过程扩散和普及开来，势必导致全社会劳动生产力的不断提高和构成劳动力价值要素的商品变得便宜。马克思还敏锐观察到，"资本不创造科学，但是它为了生产过程的需要，利用科学，占有科学"①，"随着资本主义生产的扩展，科学因素第一次被有意识地和广泛地加以发展、应用并体现在生活中，其规模是以往的时代根本想象不到的"②。由此可见，市场竞争的动态效率能够有效推动创新，极大解放和发展社会生产力，推动经济快速发展，积累社会财富。

第二，市场的供求法则提供给消费者"用脚投票"的权利，企业提供的产品和服务如果不能满足消费者的偏好和需求，商品"惊险的跳跃"就有可能失败；反之，"挑剔"的消费者将倒逼企业进行改革与创新，提升供给与需求的适配度。进入新时代，我国社会的主要矛盾已经由人民日益增长的物质文化需要同落后的社会生产之间的矛盾，转化为人民日益增长的美好生活需要和不平衡不充分的发展之间

---

① 《马克思恩格斯文集》第 8 卷，人民出版社 2009 年版，第 357 页。

② 《马克思恩格斯文集》第 8 卷，人民出版社 2009 年版，第 359 页。

的矛盾，"我国一些有大量购买力支撑的消费需求在国内得不到有效供给，消费者将大把钞票花费在出境购物、'海淘'购物上，购买的商品已从珠宝首饰、名包名表、名牌服饰、化妆品等奢侈品向电饭煲、马桶盖、奶粉、奶瓶等普通日用品延伸"[1]，这些事实充分说明，在需求发生变化的同时，供给的产品却没有变，质量、服务跟不上。因此，必须深化供给侧结构性改革，以高质量供给满足日益升级的多样化需求，满足人民群众对美好生活的向往。

第三，建立健全并规范发展各类要素市场，完善由市场评价生产要素贡献、按贡献决定报酬的机制，有利于促进要素自主有序流动，提高要素配置效率，增加各种类型收入。市场机制根据各生产要素对国民收入贡献的大小形成初次分配，一方面，通过规范劳动力市场，健全工资决定和正常增长机制，实现居民收入增长和经济发展同步，劳动报酬增长和劳动生产率同步，提高居民收入在国民收入中的比重，提高劳动报酬在初次分配中的比重，使人民群众共享发展成果；另一方面，根据不同要素属性、市场化程度差异和经济社会发展需要，分类完善劳动、资本、土地、知识、技术、管理、数据等生产要素市场化配置的体制机制，可以激发全社会创造力和市场活力，推动经济发展实现质量变革、效率变革、动力变革，为促进共同富裕创造良好条件。

总之，共同富裕要依靠市场经济激发内生动力，让一切创造社会财富的源泉充分涌流，使全体人民在共建共享发展中有更多获得感，形成人人参与、人人尽力、人人都有成就感的生动局面，[2] 才能不断

---

[1] 习近平：《论把握新发展阶段、贯彻新发展理念、构建新发展格局》，中央文献出版社 2021 年版，第 100 页。

[2] 习近平：《论把握新发展阶段、贯彻新发展理念、构建新发展格局》，中央文献出版社 2021 年版，第 96—97 页。

朝着共同富裕方向稳步前进。

（二）市场经济促进共同富裕的淤点和堵点

共同富裕需要依靠市场经济激发内生动力，并不意味着单纯依靠市场作用就能够实现共同富裕，市场本身存在发育不健全、规则不统一、竞争不充分等问题，市场经济的自发运行也会产生诸如垄断、贫富差距拉大、生态环境污染等不合意结果，因此需要正视市场体系的短板漏洞，主动应对，使其更好地服务于共同富裕的长远目标。

一方面，从 1992 年党的十四大确定建立社会主义市场经济体制的改革目标以来，我国市场经济体制不断健全完善，但目前仍然存在不少束缚市场主体活力、阻碍市场作用充分发挥的相关体制机制障碍亟待破除。一是不同所有制和规模的市场主体在市场准入、审批许可、经营运行、招投标、军民融合等领域仍然面临或明或暗的歧视和附加条件，各种各样的"卷帘门""玻璃门""旋转门"客观存在；二是监管规则不统一不透明，例如在资质、纳税、准入、环保、质检、卫生消防等方面，不同地区监管标准、执法依据和执法尺度差异较大，企业在跨区域经营中难以形成稳定预期；三是各种地方性优惠政策导致不公平竞争，一些地方甚至通过制定本地区法规、政策和标准，形成商品、服务和要素市场壁垒，对企业市场决策产生干扰和扭曲。

另一方面，自发市场机制并非如经济学教科书中描绘的那般完美，其"阴暗面"也不容小觑。一是对劳动者来说，体现科学、自然力和群众性劳动的机器体系在逐利动机的驱使下，消灭了工作时间的道德界限和自然界限，创造出"996""007"等延长工作日的强大机制，并且引起资本有机构成提高和对劳动力需求的减少，拉大收入分配差距。二是对企业而言，同一产业内的竞争在促使单个企业推动技术进步、提高劳动生产率的同时，造成利润率的多样化，由此带来优胜劣汰和产业集中度的提高，而产业间的竞争和资本流动会造成利润率的平均化和平均利润率的下降趋势，加深积累矛盾，资本的脱实向虚，及其在金融领域的自转空转充分说明了这一点。三是就生产的自然条件考察，自然资源的使用和与自然界的物质交换如果只服从市场竞争和短期内获得最大利润的需要，将导致自然资源和生态环境的过度消耗，出现不可修复的断裂。四是就国际范围来看，激烈的市场竞争有可能把发展中国家锁定在技术含量低、附加值少、资源环境消耗大的产业或产业区段，引发日益深重的全球不平等和失衡。

此外，外部冲击造成的产业链供应链断裂，也会极大影响市场经济的平稳运行。比如，在经济全球化遭遇逆流的背景下，西方发达国家在关键核心技术上"卡脖子"有可能制约甚至损害我国经济社会的持续发展；再比如，新冠疫情冲击导致的局部封锁，致使原材料、人员、货物流转不畅，经济下行压力陡增，暴露出我国产业链、供应链存在的风险隐患。

（三）以高水平社会主义市场经济体制扎实推动共同富裕

进入向第二个百年奋斗目标迈进的新发展阶段，构建新发展格局、推动高质量发展和促进共同富裕都对社会主义市场经济体制提出了更高要求，必须坚定不移全面深化改革，以更高水平的市场经济体制支撑发展，以高质量发展解决不平衡、不充分问题，夯实共同富裕的物质基础。

　　一是坚持社会主义市场经济改革方向。市场上资本的逐利本性将使生产"不是在需要的满足要求停顿时停顿，而是利润的生产和实现要求停顿时停顿"①，而社会主义生产在于满足人们对美好生活的向往，最终实现共同富裕。在现阶段，为了尽可能发挥资本积累促进生产力发展的积极作用，降低这一过程中产生的负面影响，需要以社会主义生产目的引导、约束和矫正资本逐利的一般性质。这一内在要求既有助于深刻理解坚持党的领导、坚持以人民为中心，毫不动摇巩固和发展公有制经济的必然性，它们是坚持社会主义道路的领导和制度保证，也有助于充分认识更好发挥政府作用、防止资本野蛮生长和无序扩张的必要性。

　　二是建设高标准市场体系。一个统一开放、竞争有序、制度完备、治理完善的市场体系是市场经济有效运转的基础。《中华人民共和国国民经济和社会发展第十四个五年规划和 2035 年远景目标纲要》单列一章明确提出了建设高标准市场体系的目标和任务，包括全面完善产权制度，健全归属清晰、权责明确、保护严格、流转顺畅的现代产权制度，健全产权执法司法保护制度；推进要素市场化配置改革，破除阻碍劳动、资本、土地、知识、技术、管理、数据等各类要素自由流动的体制机制障碍，扩大要素市场化配置范围，实现要素价格市场决定、流动自主有序、配置高效公平；强化竞争政策基础地位，构建覆盖事前、事中、事后全环节的竞争政策实施机制，加大反垄断和反不正当竞争执法司法力度，防止资本无序扩张；健全社会信用体系，制定公共信用信息目录和失信惩戒措施清单，保障信用主体合法权益，完善失信主体信用修复机制。2021 年 1 月，中共中央办公厅、

---

　　① 《马克思恩格斯文集》第 7 卷，人民出版社 2009 年版，第 288 页。

国务院办公厅印发了《建设高标准市场体系行动方案》，对如何建设高标准市场体系作出具体部署，为构建更加成熟、更加定型的高水平社会主义市场经济体制，进一步激发各类市场主体活力，推动经济高质量发展，促进实现共同富裕打下坚实基础。

三是加快建设全国统一大市场。超大规模的国内市场是我国经济社会发展的巨大优势，只有充分利用和发挥这个优势，才能够为实现共同富裕提供有力支撑。全国统一大市场的建立，可以有效集聚资源、推动增长、激励创新、优化分工、促进竞争，是我国经济实现持续健康发展、在国际竞争中立于不败之地的必然选择。在 2022 年 3 月印发的《中共中央　国务院关于加快建设全国统一大市场的意见》中，无论是强化产权保护、市场准入、公平竞争、社会信用等基础制度规则统一，还是深化要素市场化配置改革、打造统一的要素和资源市场，推进商品和服务市场高水平统一，推进市场监管公平统一，抑或是推进市场设施高标准联通，形成促进国民经济循环畅通的高效现代流通体系，以及进一步规范不当市场竞争和市场干预行为，消除阻碍全国统一大市场形成的痼疾，包括着力强化反垄断、依法查处不正当竞争行为、破除地方保护和区域壁垒、清理废除妨碍依法平等准入和退出的规定和做法等举措，都着眼于充分发挥市场在资源配置中的决定性作用，以高效规范、公平竞争、充分开放的全国统一大市场，全面推动我国市场由大到强转变，为建设高标准市场体系、构建高水平社会主义市场经济体制提供坚强支撑。

四是提升政府经济治理能力，推进国家治理体系和治理能力现代化，推动有效市场和有为政府更好结合。自发市场机制不可能自动实现共同富裕，更好发挥政府作用是保证经济社会平稳发展、防止贫富分化的重要方面。首先，要立足社会发展的不同阶段，根据发展环境和发展条件的变化，以问题为导向，制定具体的路线方针政策，从顶层设计上保障朝着共同富裕的方向不断迈进；其次，深化简政放权、放管结合、优化服务改革，持续优化市场化法治化国际化营商环境；再次，综合运用财政、货币、就业、产业、投资、消费等政策手段，维持宏观经济和市场秩序稳定，有效减少市场经济中的周期性波动；最后，充分利用税收、转移支付等政策措施，着力缩小地区、城乡和收入分配差距，推动基本公共服务均等化，解决发展不平衡、不充分的问题。

二、金融发展与共同富裕

习近平总书记指出，"金融是国家重要的核心竞争力，金融安全是国家安全的重要组成部分，金融制度是经济社会发展中重要的基础性制度"[1]。毋庸置疑，在现代经济中，金融已经渗透到社会生活的各个方面，作为现代经济的核心，它是连接生产、分配、交换、消费各个环节的桥梁和纽带，在促进高质量发展、扎实推动共同富裕方面发挥着重要作用。因此，必须按照党的二十大报告的要求，"深化金融体制改革，建设现代中央银行制度，加强和完善现代金融监管，强化金融稳定保障体系，依法将各类金融活动全部纳入监管，守住不发生系统性风险底线"[2]。

---

[1]　习近平：《论把握新发展阶段、贯彻新发展理念、构建新发展格局》，中央文献出版社 2021 年版，第 307 页。

[2]　习近平：《高举中国特色社会主义伟大旗帜　为全面建设社会主义现代化国家而团结奋斗——在中国共产党第二十次全国代表大会上的报告》，人民出版社 2022 年版，第 29—30 页。

（一）服务实体经济是金融推动共同富裕的内在逻辑

党和政府始终高度重视金融对经济社会发展的促进作用。早在1991年初，邓小平在上海考察时就强调，"金融很重要，是现代经济的核心。金融搞好了，一着棋活，全盘皆活"①。习近平总书记更是形象地指出，"金融活，经济活；金融稳，经济稳。经济兴，金融兴；经济强，金融强。经济是肌体，金融是血脉，两者共生共荣"②。

发挥好金融"第一推动力"的核心职能。马克思很早就意识到，货币资本"作为资本开始它的过程的形式……表现为发动整个过程的第一推动力"③。企业的生产与投资，离不开金融机构和金融市场为其提供的动员储蓄、配置资金、分散风险、监督管理、促进交易等功能，它们能够降低信息成本和交易成本，促进资本积累和技术创新，进而推动经济发展。因此，金融的活力与效率，直接影响整个经济的速度和水平。改革开放以来，特别是党的十八大以来，我们立足中国实际，不断深化金融改革，健全金融体系，完善金融监管，有效促进了国民经济持续快速健康发展，为共同富裕奠定了坚实的物质基础。

重视金融优化经济结构的关键作用。一方面，通过差异化产品和价格，可以发挥资金的引导作用，增强资金支持的针对性和有效性，进而优化产业结构，比如加大对先进制造业、战略性新兴产业、现代信息技术产业和绿色环保领域的支持力度，促进劳动密集型产业、服务业、传统产业的改造升级等；另一方面，经济发展的不同阶段必然

---

① 《邓小平文选》第三卷，人民出版社1993年版，第366页。
② 习近平：《论把握新发展阶段、贯彻新发展理念、构建新发展格局》，中央文献出版社2021年版，第308页。
③ 《马克思恩格斯文集》第6卷，人民出版社2009年版，第393页。

产生不同的金融需求，当前我国处于新发展阶段，正在深化供给侧结构性改革，建设现代化经济体系的现代化产业体系，客观上要求"现代金融"与之相适应，更好满足人民群众和实体经济多样化的金融需求，实现实体经济、科技创新、现代金融、人力资源的协同发展。

畅通金融调节收入分配的重要路径。引导资金向经济发展的薄弱环节流动，保障小微企业、农民、城市低收入人群、贫困人群和残疾人、老年人等特殊群体能够获得适当、有效的金融服务，增加金融对基础设施和医疗、保险、教育、交通等社会公共服务的支持力度，既能缓解中小企业融资难、融资贵的问题，促进经济增长，又可以缩小区域、城乡发展差距，推动社会公平正义，逐步实现共同富裕。

（二）守住不发生系统性金融风险底线

金融通过多种渠道和方式融通资金的结果，是使大多数经济主体同时拥有各种形式的资产和负债，它们的价值又依赖于未来预期现金流的可得性与稳健性。在充满不确定性的现实世界中，一旦预期收益不能满足金融施加的约束条件，就有可能引发金融和经济危机，对一国经济产生重大负面影响，甚至导致中低收入群体陷入贫困。因此，习近平总书记强调，"金融安全是国家安全的重要组成部分"[1]，"防范化解金融风险特别是防止发生系统性金融风险，是金融工作的根本性任务"[2]。当前我国经济、金融形势总体是好的，但也稳中有变、变中

---

[1]　习近平：《论把握新发展阶段、贯彻新发展理念、构建新发展格局》，中央文献出版社 2021 年版，第 307 页。

[2]　习近平：《论把握新发展阶段、贯彻新发展理念、构建新发展格局》，中央文献出版社 2021 年版，第 309 页。

有忧，要坚持底线思维，坚决守住不发生系统性金融风险底线，为实现共同富裕创造稳定良好的经济金融环境。

一要注重在推动高质量发展中防范化解金融风险。实体经济"是我国经济发展、我们在国际经济竞争中赢得主动的根基"①，它的健康发展是防范化解金融风险的基础和保障。特别要警惕在高金融利润的引诱下，实体企业脱实向虚，把原本用于扩大生产、改造升级的资金投向金融产品和金融市场，削弱社会生产力的现实基础。2008 年席卷全球的金融危机就给我们上了关于现代金融最生动、最深刻的一课。因此，应该积极引导更多金融资源配置到经济社会发展的重点领域和薄弱环节，更好满足人民群众和实体经济多样化的金融需求，"促进形成金融和实体经济、金融和房地产、金融体系内部的良性循环"②。

二要防控重点领域和关键环节。坚持"房子是用来住的，不是用来炒的"③的定位，综合运用信贷、土地、财税、投资、立法等措施，抑制房地产泡沫，防止出现房价的大起大落，稳妥实施房地产市场平稳健康发展长效机制方案；对金融市场和互联网金融开展全面摸排，打击各种金融跨界混业乱象，防止新兴金融领域和业态过度发展扰乱正常的经济金融秩序。

三要提高防风险能力和水平。加快金融市场基础设施建设，稳步推进金融业关键信息基础设施国产化；加强金融监管，统筹监管系统

① 习近平：《论把握新发展阶段、贯彻新发展理念、构建新发展格局》，中央文献出版社 2021 年版，第 142—143 页。

② 国务院研究室编：《十三届全国人大二次会议〈政府工作报告〉辅导读本》，人民出版社、中国言实出版社 2019 年版，第 132 页。

③ 《习近平谈治国理政》第二卷，外文出版社 2017 年版，第 367 页。

重要性金融机构，统筹监管金融控股公司和重要金融基础设施，统筹负责金融业综合统计，避免监管空白；加强对金融机构、金融监管部门主要负责人和高中级管理人员的教育监督管理，加强金融领域反腐败力度；运用现代科技手段和支付结算机制，适时动态监管所有资金流向流量；完善金融从业人员、金融机构、金融市场、金融运行、金融治理、金融监管、金融调控的制度体系。

四要警惕国际金融风险的冲击。在经济全球化深入发展的今天，国际资本的流动会导致货币风险、资本外逃风险、金融脆弱性风险、传染风险，甚至主权风险；而一些国家货币政策和财政政策的调整也会形成外溢效应，有可能对我国金融安全形成外部冲击。面对波谲云诡、复杂多变的国际经济金融形势，需要我们增强风险防范意识，未雨绸缪，密切监测，准确预判，有效防范。

（三）金融推动共同富裕的现实路径

党的十八大以来，我国有序推进金融改革发展、治理金融风险，金融业保持快速发展，金融改革开放有序推进，金融产品日益丰富，金融服务普惠性增强，金融监管得到加强和改进。但是，金融业的市场结构、经营理念、创新能力、服务水平还不适应经济高质量发展的要求，必须坚持和加强党对金融工作集中统一领导，紧紧围绕服务实体经济、防范化解风险两条主线，从功能、机构、市场和产品四个层面探索我国金融体系结构优化调整、推动实体经济发展、实现共同富裕的现实路径。

第一，功能层面。以服务实体经济、服务人民生活为本，围绕经济社会发展的重点领域和薄弱环节配置金融资源。当前，一方面，增加金融支农资源、改善农村金融服务，切实提升金融服务乡村振兴的效率和水平；另一方面，消除对民营经济的各种隐性壁垒，扩大对民营企业的有效金融供给，缓解民营企业融资难融资贵问题，增强微观主体活力。此外，加大对小微企业、住宿餐饮、批发零售、文化旅游、外贸外资等受新冠疫情影响严重的市场主体的资金支持，向实体经济合理让利。

第二，机构层面。构建多层次、广覆盖、有差异的银行体系，加快完成国有大银行战略转型；发展民营银行和社区银行，推动城商行、农商行、农信社业务逐步回归本源；推动银行、保险、信托、证券、资管及各类机构的规范发展。增加中小金融机构数量，引导其结合自身比较优势，在专业化、特色化、精细化上下功夫，与大型金融机构形成差异竞争。推动一批具有国际竞争力和跨境金融资源配置权的中资金融机构快速稳健成长。完善现代金融企业制度和公司法人治理结构，构建更加科学、更加高效的激励约束机制。

第三，市场层面。建设规范、透明、开放、有活力、有韧性的资本市场，扩大直接融资比重，引导更多中长期资金进入；把好市场入口和市场出口两道关，提高上市公司质量；完善交易制度，加强对交易的全程监管。构建融资功能完备、基础制度扎实、市场监管有效、投资者合法权益得到有效保护的多层次资本市场体系，深化主板、创业板、新三板改革，规范发展区域性股权市场，形成不同市场与不同企业、不同发展阶段的企业在股权融资上更好的匹配关系；建立健全转板机制，推进多层次资本市场互联互通。

第四，产品层面。以市场需求为导向，广泛应用物联网、大数据、云计算、人工智能、区块链等新技术，积极开发个性化、差异化、定制化金融产品，形成覆盖本币与外币、短期与长期、基础资产与衍生品的金融产品体系，增加有效金融供给，满足实体经济和人民群众在融资、投资、风险管理、资管等方面的需要。

三、数字经济与共同富裕

数字经济是继农业经济、工业经济之后的主要经济形态。习近平总书记多次强调，"数字经济发展速度之快、辐射范围之广、影响程度之深前所未有，正在成为重组全球要素资源、重塑全球经济结构、改变全球竞争格局的关键力量"，"发展数字经济意义重大，是把握新一轮科技革命和产业变革新机遇的战略选择"。[①] 党的二十大报告在第四部分中提出"加快发展数字经济，促进数字经济和实体经济深度融合，打造具有国际竞争力的数字产业集群"[②]，从而进一步激发数字经济活力，利用数字技术在推动构建新发展格局和构筑国家竞争新优势等方面的重要作用，不断解放和发展社会生产力，使数字经济成为实现共同富裕的重要抓手。

（一）数字经济推动共同富裕的机制

根据 2016 年 9 月《二十国集团数字经济发展与合作倡议》中对创新增长蓝图的描绘，数字经济是指"以使用数字化的知识和信息作

---

①　习近平：《不断做强做优做大我国数字经济》，《求是》2022 年第 2 期。

②　习近平：《高举中国特色社会主义伟大旗帜　为全面建设社会主义现代化国家而团结奋斗——在中国共产党第二十次全国代表大会上的报告》，人民出版社 2022 年版，第 30 页。

为关键生产要素、以现代信息网络作为重要载体、以信息通信技术的有效使用作为效率提升和经济结构优化的重要推动力的一系列经济活动"，具有高技术性、规模经济性、共享性三大特征。其中，高技术性说明数字经济技术密集度高，创新驱动能力强，可以提高生产效率和生活便利，催生一批新模式、新业态和新产品，提升社会生产力水平；规模经济性表明随着数字产品产量或数字服务供应量的增加，平均成本将不断下降；共享性则意味着信息和知识等生产要素在一定时空范围内可以被多个主体交换、转让和使用，一个主体使用它们，不会妨碍其他主体同时使用。

数字经济的上述特征和优势导致近年来互联网、大数据、云计算、人工智能、区块链等技术加速创新，日益融入经济社会发展各领域全过程。一直以来，我国始终重视发展数字技术、数字经济，数据显示，我国数字经济增加值规模已经由 2005 年的 2.6 万亿元，扩张到 2020 年的 39.2 万亿元，占国内生产总值比重为 38.6%[1]，已经连续多年居世界第二位。2021 年发布的《中华人民共和国国民经济和社会发展第十四个五年规划和 2035 年远景目标纲要》首次单列篇章提出加快数字化发展，建设数字中国，为数字经济发展指明了方向和路径。可以预期，数字经济将为我国经济提供源源不断的增长新动能，也可以为解决我国人口多、资源少且分布不均、区域经济增长差异带来的发展不平衡问题提供新思路。

数字经济能够促使区域产业分散化发展。[2] 数字技术不受空间和时间限制，数据要素可以跨区域自由流动，不同地区的企业可以通过

---

① 武汉大学国家发展战略智库课题组：《激发数字经济发展潜能》，《求是》2022 年第 2 期。

② 参见刘诚、夏杰长：《数字经济助推共同富裕》，《光明日报》2021 年 8 月 24 日。

数字化平台完成供需精准对接和实时交易，实现分布式生产和柔性生产。因此，企业在选择区位时将较少受制于原材料产地或消费市场，产业链上下游相关企业对地理空间集聚的需求降低，使产业布局更加分散化，出现一批高效灵活的未来工厂、微型工厂。这些因素都有助于减少不同地区之间的发展差异和不平衡性。

数字经济惠及各行各业。当前，信息技术已经从助力产业提质增效的"工具、助手"角色，转向"主导、引领"角色，深入渗透各个行业，对生产模式、组织方式和产业形态造成颠覆性影响，[1] 加速提高全要素生产率，持续深化供给侧结构性改革。以农业为例，数字经济与农业融合，催生了数字农业、智慧农业，帮助农民实现精准化种植、可视化远程诊断和控制、灾变及时预警等，提高了农业生产经营效率，推动农业生产向规模化、集约化方向转变。与此同时，网络销售、直播电商等的发展，促使农产品销售方式发生变革，销售市场逐步扩大，农民收入显著增加。

数字经济可以加速市场整合。以数字化平台为支撑的线上市场可以打破地方保护主义和各种进入壁垒，为不同地区企业提供相对公平的竞争环境，有利于企业实现跨区域销售，进而倒逼线下销售环境不断优化，加速形成全国统一大市场。例如，数字金融的兴起打破了金融市场的强分割和高壁垒，方便更多金融机构为中小企业和低收入群体服务。

数字经济能够实现资源共享。数字经济利用信息技术跨越时空的特点，实现优质资源在更大范围内的流动共享，有助于解决资源分布不均和共享不畅等问题。例如，数字经济通过广泛连接、智能匹配和

---

[1]　梅宏：《大数据与数字经济》，《求是》2022 年第 2 期。

信用塑造，对于促进弱能力人群的就业和交易、促进低资产人群的融资和发展、促进低教育人群的参与和提升，都能够发挥出重要作用。以外卖骑手为例，77%的美团外卖骑手来自农村，25%来自原国家级贫困县，数字化平台为骑手提供了快速灵活就业机会，也促进了共享发展。①

数字经济可以推动公共服务均等化。数字技术在政府公共服务领域的应用和普及，催生了数字政府和智能政府，显著提升政府公共服务能力和水平。例如，随着"互联网＋政务服务"深入推进，全国一体化政务服务平台基本建成，"一网通办""异地可办""跨省通办"渐成趋势，办事更加便捷高效，城乡之间和区域之间公共服务供给水平差距逐渐缩小，人民群众获得感、幸福感、安全感不断增强。

（二）数字经济促进共同富裕的挑战

数字经济发展有其自身的规律和逻辑，如果不合理引导和规范，会出现垄断困境、数字鸿沟、结构性失业等问题，加剧贫富分化和社会撕裂，阻碍共同富裕目标的实现。

第一，垄断困境有待破解。数字经济具有规模经济特性，数字化平台快速扩张，越做越大，将提高进入壁垒，加大市场进入难度，阻止潜在竞争者，还会通过并购等手段消灭新兴平台，阻碍市场创新，出现"赢者通吃"的情况。数字化平台形成垄断后，对平台内企业的支配能力变强，有可能制定违反市场公平竞争的霸王条款，危害消费者利益，甚至出现信息泄露等问题。例如，美团曾要求商

---

① 参见江小涓：《以数字经济促进共享发展》，《经济日报》2022 年 5 月 18 日。

家与其开展独家合作，对非独家合作的商家，通过制定差别率、延迟上线等方式进行限制，并通过开发大数据系统实时监测平台内商家是否上线竞争对手平台，迫使大多数商家在美团和饿了么之间"二选一"。为此，市场监管总局依法对美团涉嫌垄断的行为作出行政处罚。实际上，2020 年底召开的中央经济工作会议已经强调，"强化反垄断和防止资本无序扩张"，"要完善平台企业垄断认定、数据收集使用管理、消费者权益保护等方面的法律规范"；2021 年底的中央经济工作会议进而又提出"要正确认识和把握资本的特性和行为规律"，"依法加强对资本的有效监管，防止资本野蛮生长"，这些都是在发展环境发生深刻变化的情况下，我们准确识变、科学应变、主动求变的积极举措。

第二，数字鸿沟亟待解决。数字鸿沟指在数字经济快速发展过程中，由不同国家、地区、行业、企业、社会群体之间对信息、网络技术的拥有程度、应用程度不同以及创新能力差距，导致的信息落差以及贫富分化。例如，经济发达地区由于数字基础设施健全可以充分享受数字经济红利，经济落后地区有可能因为基础设施不完善进一步拉大与发达地区的差距，出现地区之间的"城乡数字鸿沟"；熟练掌握数字技术的社会群体可以充分享受数字经济带来的便利，老年人等不掌握数字技术的社会群体可能会因为数字技术的普遍应用而被边缘化，出现居民之间的"代际数字鸿沟"。中国互联网信息中心 2022 年初发布的第 49 次《中国互联网络发展状况统计报告》显示，截至 2021 年 12 月，我国农村网民规模达 2.84 亿，占网民整体的 27.6%，城镇网民规模达 7.48 亿，占网民整体的 72.4%，城乡差距仍然较大；群体层面，我国 60 岁及以上老年网民规模达 1.19 亿，互联网普及率达 43.2%，与 73% 的全国平均水平相比，差距也十分明显。另据中国信通院 2021 年 4 月发布的《中国数字经济发展白皮书》显示，我国农业、工业、服务业数字经济渗透率分别为 8.9％、21％和 40.7％，约为 1：2：4，差异显著。因此，在加快发展数字经济的同时，必须有效弥合数字鸿沟，为推进共同富裕贡献力量。

第三，结构性失业需要重视。数字经济对社会结构产生广泛而深远的影响，其中对就业结构将产生"双刃剑"作用。人工智能技术的兴起，创造出 AI 工程技术师、机器训练师、AI 测试与督导员等新的就业岗位，同时技术进步也会导致部分工作岗位被机器、人工智能取代，导致技术性、结构性失业。例如，工业机器人的应用可以大幅度改善工人的劳动条件，但也减少了从事手工操作工人的数量；随着无人售货变为现实，传统的销售员职业也会减少。此外，数字经济创造了大量灵活性岗位，减少了对从业者工作时间、地点、技能的约束，降低了就业门槛，但也带来如何保障灵活就业人员基本权益等新问题，那些从事外卖、快递等零工经济的劳动人员，普遍缺少"五险一金"，无法享受劳动法给予的保护，亟须得到重视和解决。

（三）发展数字经济实现共同富裕的着力点

与世界数字经济大国、强国相比，我国数字经济大而不强、快而不优，并且在快速发展中出现了一些不健康、不规范的苗头和趋势，不仅影响数字经济健康发展，而且有损国家经济金融安全。未来应进一步规范数字经济发展，不断做强做优做大数字经济，为推动实现共同富裕创造条件。

加强关键核心技术攻关。发挥我国社会主义制度优势、新型举国体制优势、超大规模市场优势，加大对传感器、量子信息、网络通信、集成电路、关键软件、大数据、人工智能、区块链、新材料等[①]数字经济领域关键核心技术的研发力度；构建开放协同创新体系，推动行业企业、平台企业和数字技术服务企业联合创新；推进创新资源共建共享，支持具有自主核心技术的开源社区、开源平台、开源项目发展，促进创新模式开放化演进[②]，尽快实现高水平自立自强，把发展数字经济自主权牢牢掌握在自己手中。

加快新型基础设施建设。建设高速泛在、天地一体、云网融合、智能敏捷、绿色低碳、安全可控的智能化综合性数字信息基础设施，加快推动 5G 网络、大数据、人工智能、工业互联网等新型基础设施普及，完善全国一体化数据中心体系、国家产业互联网等综合性数字信息基础设施。加强数字基础设施的适老化改造，弥补城乡、区域和群体之间的数字鸿沟。

推动数字技术与实体经济融合发展，加速培育数字产业集群。推进数字技术在农业、制造业、服务业的深度应用，利用数字技术提升改造传统产业，提高全要素生产率。聚焦国家重大战略和国家安全需求，推动集成电路、新材料、高端装备、通信设备、新型显示等领域的数字化水平，加快产品研发、技术迭代、服务升级，增强供应链产业链核心竞争力。壮大人工智能、云计算、大数据等数字产业，促进数字产业集群化发展，加强数字园区和基地建设，加快培育数字产业集群，打造世界级数字产业集群。

完善数字经济治理体系，规范数字经济发展。明确数字经济主管和监管部门的职责分工，健全数字经济治理的法律法规和政策制度，

---

① 《"十四五"数字经济发展规划》，国发〔2021〕29 号。
② 国家发展和改革委员会：《大力推动我国数字经济健康发展》，《求是》2022 年第 2 期。

探索形成基于普惠共享、多元参与、公私合作、法治保障的数字经济治理格局。加强对数字经济安全的风险预警和防控，保障关键数据、核心技术、战略资源、关键设施等安全可控。推动数字经济规范发展，创新数字经济监管技术和手段，加强社会、媒体、公众对数字经济的监督，形成全方位、多层次、立体化监管体系。纠正和规范数字经济发展中妨碍公平竞争和损害群众利益的做法，防止平台垄断和资本无序扩张，依法保护平台从业人员和消费者合法权益。

加强数字经济促进共同富裕的配套制度建设，提升公共服务水平。积极实施发展型政策，推动各行业的数字化发展，打破区域、行业之间的进入壁垒，为不同群体提供更加充分的就业机会和更为完善的社会保障。加大救助型政策实施力度，加强对受到数字经济冲击的结构性失业人员的扶持，完善快递物流、网约车等新业态从业人员劳动权益保障机制。加快公共服务领域的数字化改革，利用数字化手段准确把握民生需求，丰富数字公共服务综合应用场景，推动公共服务资源在更大范围内实现优质共享。

（执笔人：袁辉）

第 八 章 ｜ 共同富裕的政策指向

　　共同富裕是社会主义的本质要求，是中国式现代化的重要特征。当前，中国特色社会主义进入新时代，相比于历史上其他时期，我们更有能力、更有可能也更有必要推进全体人民共同富裕。党的十八大以来，我国将实现全体人民共同富裕放在更加重要的战略位置上，取得了一系列经济与社会建设的重要成就，为推进共同富裕奠定了良好的现实基础。2020 年我国近 1 亿农村贫困人口全部脱贫，全国 832 个贫困县全部摘帽，历史性地解决了绝对贫困问题；2021 年我国经济总量稳居世界第二位，占世界比重超过 18％，人均 GDP 达到 12551 美元，超过世界平均水平；同时，我国已经"建成世界上规模最大的教育体系、社会保障体系、医疗卫生体系，教育普及水平实现历史性跨越，基本养老保险覆盖十亿四千万人，基本医疗保险参保率稳定在百分之九十五"①。以上事实充分表明，我国已经进入扎实推动共同富裕的历史阶段。

党的二十大报告对中国式现代化的内涵与特征进行了系统性概括，指出全体人民共同富裕的现代化体现了基于国情的中国特色，是中国式现代化的本质要求。习近平总书记指出，"促进全体人民共同富裕是一项长期任务，也是一项现实任务，记不得，也等不得，必须摆在更加重要的位置，脚踏实地，久久为功，向着这个目标稳步地作出更加积极有为的努力"②。我国已全面建成小康社会，迈向建设社会主义现代化国家的新征程，在这一重大时代背景下，全体人民共同富裕首次被提上政策日程，初步形成了包括远景目标、中长期阶段性任务③、区域性试点探索、核心战略框架与具体推进方式在内的完整政策系统。2021年底的中央经济工作会议提出正确认识和把握实现共同富裕的战略目标和实践途径，包括在推动高质量发展中强化就业优先导向，提高经济增长的就业带动力；发挥分配的功能和作用，坚持按劳分配为主体，完善按要素分配政策，加大税收、社保、转移支付等的调节力度，支持有意愿有能力的企业和社会群体积极参与公益慈善事业；坚持尽力而为、量力而行，完善公共服务政策制度体系，在教育、医疗、养老、住房等人民群众最关心的

---

① 习近平：《高举中国特色社会主义伟大旗帜　为全面建设社会主义现代化国家而团结奋斗——在中国共产党第二十次全国代表大会上的报告》，人民出版社2022年版，第11页。

② 习近平：《论把握新发展阶段、贯彻新发展理念、构建新发展格局》，中央文献出版社2021年版，第503页。

③ 到"十四五"末，全体人民共同富裕迈出坚实步伐，居民收入和实际消费水平差距逐步缩小。到2035年，全体人民共同富裕取得更为明显的实质性进展。到本世纪中叶，全体人民共同富裕基本实现，居民收入和实际消费水平差距缩小到合理区间。

领域精准提供基本公共服务。党的二十大报告在第九部分"增进民生福祉，提高人民生活品质"中再次强调了扎实推进共同富裕的政策着力点，包括完善分配制度、实施就业优先战略、健全社会保障体系等。这些方面构成中长期扎实推进共同富裕的政策落脚点，回答了"共同富裕怎么干"这一重大实践问题，进一步明确了推进全体人民共同富裕的政策指向。

一、完善分配制度，发挥分配功能

收入分配制度是中国特色社会主义制度的重要组成部分，也是促进共同富裕的基础性制度。党的十九届四中全会首次将"按劳分配为主体、多种分配方式并存"上升为同公有制为主体、多种所有制经济共同发展并列的社会主义基本经济制度的高度，充分说明分配制度具有基础性和全局性的地位。全体人民共同富裕的实现需要合理调节不同群体收入结构，把蛋糕分好，形成人人享有的合理分配格局。实现"提低、扩中、调高"的收入分配调节目标，形成中间大、两头小的橄榄型分配结构，关键在于"构建初次分配、再分配、三次分配协调配套的基础性制度安排"①。

（一）初次分配是共同富裕的重要基础

初次分配、再分配和第三次分配共同构成了我国的基本分配制度

---

① 习近平：《扎实推动共同富裕》，《求是》2021 年第 20 期。

体系，其中初次分配是国民经济财富被创造出来后的第一次分配，市场主体按照其贡献的生产要素种类和数量得到报酬。我国初次分配的基本原则是坚持按劳分配为主体，多种分配方式并存，体现了社会主义市场经济体制下的分配导向。党的二十大报告再次明确了初次分配的基本原则与政策要点，即"努力提高居民收入在国民收入分配中的比重，提高劳动报酬在初次分配中的比重。坚持多劳多得，鼓励勤劳致富，促进机会公平，增加低收入者收入，扩大中等收入群体。完善按要素分配政策制度，探索多种渠道增加中低收入群众要素收入，多渠道增加城乡居民财产性收入"[①]。坚持按劳分配为主体，重点在于构建劳动与收入正相关的分配格局；多种分配方式并存，重点则在于增加要素和财产性收入，通过规范农村土地流转制度，加强知识产权保护等方式扩大中低收入者的收入渠道。

重视初次分配结构的改善，是由于初次分配的规则发挥了为各类要素所有者提供稳定预期的重要作用，合法合规前提下合理、包容的初次分配制度将充分激发市场主体的活力，不仅有利于以统一的规则分好蛋糕，也有助于将各类生产要素最大程度上转化为生产力，成为收入与财富的源泉，从而做大、做好蛋糕。这就需要为各类生产要素所有者营造依法平等使用资源和生产要素、公开公平公正参与竞争、同等受到法律保护的市场环境。[②]

一般认为，初次分配主要由市场力量主导，根据要素贡献率按效

---

① 习近平：《高举中国特色社会主义伟大旗帜　为全面建设社会主义现代化国家而团结奋斗——在中国共产党第二十次全国代表大会上的报告》，人民出版社 2022 年版，第 47 页。

② 参见蔡昉：《共享生产率成果——高质量发展与共同富裕关系解析》，《中共中央党校（国家行政学院）学报》2022 年第 3 期。

率原则进行。然而在实践中，仅靠市场力量是不够的，政府需要在构建公平合理的市场竞争秩序和分配规则方面发挥积极有为的作用，克服"无形之手"可能带来的自发性和盲目性等弊端。初次分配中政府的作用包括但不限于防止诸如垄断市场结构导致的不同部门、不同产业、不同企业利润分配的不均衡性，克服资本无序扩张，提高劳动报酬占初次分配中的比重，增强发展成果的普惠性和共享性等。在社会主义市场经济体制下，初次分配需要兼顾效率与公平，既尊重市场在资源配置中的决定性作用，又要发挥社会主义制度的优势，将有效市场和有为政府更好地结合起来，为初次分配提供公平合理的秩序规则，营造健康高效的市场环境。党的十八大以来，我国坚持在初次分配中兼顾公平与效率的政策导向，在协调与共享的新发展理念指导下，分配制度改革取得显著成效，一个重要的体现就是居民收入在国民收入中的比重与劳动报酬在初次分配中的比重均有所提高。这说明初次分配更为明显地发挥出提高居民家庭收入、鼓励勤劳致富的积极作用，有助于从根本上推进共同富裕。

初次分配兼顾效率与公平的核心关节在于使各类要素的价值和价格相统一，使其生产贡献与分配份额相匹配。然而，由于我国要素市场化改革仍在进行中，要素价格生成机制面临许多非市场化因素的影响，生产要素价格难以灵活反映真实的市场供需和资源稀缺程度，因此更好发挥初次分配的作用需要深入推进要素市场化改革。党的十八大以来，要素市场化改革逐渐成为构建高水平市场经济体制的关键环节。要素市场化改革的主要方向是清理阻碍要素合理流动的地方性政策法规，清除市场壁垒，推动劳动力、资本、技术等要素跨区域自由流动和优化配置。2022 年 1 月，国务院办公厅印发《要素市场化配置综合改革试点总体方案》，进一步推动要素市场化配置改革向纵深发展。当前，我国要素市场一体化程度相较于商品市场存在一定差距，主要表现在：（1）土地要素配置不合理，城乡统一的建设用地市场仍未完善，城市土地出让过程中仍存在选择性偏好，政府可通过附带产业投资条件或隐性出让协议等方式影响土地资源市场化配置结果。（2）劳动力要素的正常流动存在阻碍，户籍制度、城乡二元分割体制、区域与所有制差异都在一定程度上限制了劳动力配置效率的提升。（3）多层次资本市场建设方兴未艾，市场化利率形成机制尚未健全。（4）技术要素面临转化障碍，科研主体与市场主体之间存在分割，产业链和创新链难以有效融合。（5）数据要素确权、定价、收益、分配、安全保障等市场规则仍未建立起来，为此"十四五"规划提出建立健全数据产权交易和行业自律机制，培育规范的数据交易平台和市场主体。为更好发挥初次分配的积极作用，未来应持续深入推进要素市场化改革，构建全国统一大市场，真正使要素能够遵循市场规律自由流动，按照公平竞争的原则充分享有与要素实际贡献相匹配的收入。

（二）再分配是共同富裕的坚实保障

按劳分配为主体、多种分配方式并存构成我国社会主义市场经济体制下的初次分配原则，既能够激励要素所有者努力做大蛋糕，又能发挥有为政府作用，兼顾公平。然而，初次分配难以覆盖分配的全领域和全过程，无法解决各类要素所有者之间的收入平衡问题以及社会资源配置的公平性问题，不可避免地造成了收入差距的扩大。从世界范围内的现代化历程来看，那些成功由中等收入国家成长为高收入国家的典型经验中，对于不同部门、居民之间收入差距的治理是不可忽视的因素，① 贫富分化带来的社会矛盾激化与经济发展失序会对国家发展带来负面影响。因此，在初次分配的基础上，通过再分配进一步分好蛋糕是各国治理贫富差距的重要方式，发挥好再分配的积极作用也是推动我国实现全体人民共同富裕的坚实保障。

再分配是由政府主导的分配方式，保证政府部门、企业部门和居民部门的收入分配保持在合适比例和合理增长区间是再分配的重要着力点之一。经测算，2012 年初次分配中政府、企业、居民三部门的收入占比分别为 15.8%、25.4% 和 58.8%，再分配后这一比例变为 21.4%、21.3% 和 57.4%；2018 年初次分配中政府、企业、居民三部门收入占比演变为 12.8%、26.0% 和 61.2%，再分配后的比例则为 18.7%、21.8% 和 59.4%。以上数据表明，党的十八大以来，居民收入占比有所改善；再分配对政府部门收入占比的提高效应最为显著，但降低了企业部门和居民部门的收入占比。这意味着，尽管居民收入在规模和占比上都处于相对优势地位，但我国的再分配制度只明显改善了政府部门的收入情况。虽然政府收入的提高可作用于社会基本公共服务的改善、社会保障功能的强化，以及公共基础设施的供给等不能直接反映在居民、企业收入增长的领域，但由于政府支出的效果难以准确衡量，而再分配的内在规定性就是要加强对收入分配的调节力度，未来我国仍须进一步完善税收、社保、转移支付等再分配政策手段，设计更有利于居民收入增长的再分配机制。

再分配也须应对区域之间、城乡之间、产业之间的收入分配不均衡问题，这不仅限于税收、转移支付等常规理解的再分配方式，也应

---

① 参见张来明：《中等收入国家成长为高收入国家的基本做法与思考》，《管理世界》2021 年第 2 期。

将致力于缩小收入分配差距的各类宏观经济治理工具纳入广义再分配的范畴去理解和实施。从宏观上看，收入分配的不平等多表现在区域发展差距、城乡发展差异及产业发展布局等方面。我国四大板块、南北地区之间的资源要素禀赋和发展基础不尽相同，各区域之间存在固有的经济发展差距，财政转移支付是调高补低、促进区域均衡发展的重要手段。2021年中央对地方转移支付累计为82152.34亿元，是中央本级财政支出的2.3倍，占当年中央一般公共预算支出的70.1%，[①]有力支持了欠发达地区的发展，缩小了区域间人均财政支出的差异。城乡差异是我国当前经济发展不平衡的另一个重要体现，虽然已实现了全部农村贫困人口脱贫的历史性任务，但城乡之间在人均收入和公共服务可及性方面仍存在显著差异。2021年城镇居民人均可支配收入为47412元，农村居民人均可支配收入为18931元，而全国居民人均可支配收入为35128元。[②]再分配领域对于农村的倾斜力度较小，部分社会保障制度的设计不符合缩小城乡差距的政策目标，如有学者认为养老保险和医疗保险按固定金额而非收入比例缴纳反而拉大了城乡差距。[③]因此，未来应加大各级财政对于乡村振兴战略的支持力度，增加对农村地区的均衡性财政转移支付和公共基础设施投入，设计有助于缩小城乡差距的再分配工具。产业发展遵循客观经济规律，一个典型的特征就是随着一国经济规模的不断扩大，第三产业占比逐渐提高。威廉·配第认为劳动力在不同产业部门间回报率存在差异，服务

[①] 参见《国务院关于2021年中央决算的报告》，2022年6月24日，见 http://www.mof.gov.cn/zhengwuxinxi/caizhengxinwen/202206/t20220624_3820957.htm。

[②] 参见国家统计局国家数据，见 https://data.stats.gov.cn/easyquery.htm?cn=C01。

[③] 参见叶兴庆：《以提高乡村振兴的包容性促进农民农村共同富裕》，《中国农村经济》2022年第2期。

业平均收入高于工业，工业平均收入又高于农业。在劳动力生产要素可以自由流动的情况下，三次产业劳动回报率最终将趋于一致。① 而现实中受到户籍、单位、所有制、职称等各类限制，劳动力的流动可能滞后于产业结构的演变，从而影响收入分配。当前，以人工智能、云计算、大数据为代表的数字经济迅速发展，在推动数字产业化和产业数字化这两类结构调整的同时，也对居民收入分配产生影响。在国家统计局公布的2021年17个行业规模以上企业就业人员年均工资中，年薪最高的行业为信息传输、软件和信息技术服务业（197353元），其次是科学研究和技术服务业（152191元）；在年薪10万元以上的7个行业中，有5个来自第三产业，占比71.4%；第二产业平均工资为95387.5元，最高和最低工资之差为33682元，而第三产业平均工资为99913元，最高最低工资差高达145676元。② 这说明不同行业之间、行业内的细分产业之间，在工资上存在较大差异，这正是再分配需要重点调节的部分，应推行有助于行业普惠发展的功能性与竞争性产业政策、加强反垄断审查、防范资本无序扩张，以及为资本设置红绿灯等。

（三）第三次分配是共同富裕的有效补充

2021年8月，中央财经委员会第十次会议提出"构建初次分配、再分配、三次分配协调配套的基础性制度安排"，中央经济工作会议

---

① 参见吴万宗等：《产业结构变迁与收入不平等——来自中国的微观证据》，《管理世界》2018年第4期。

② 参见国家统计局：《2021年规模以上企业就业人员年平均工资情况》，2022年5月20日，见 http://www.stats.gov.cn/xxgk/sjfb/zxfb2020/202205/t20220520_1857637.html。

重申要"支持有意愿有能力的企业和社会群体积极参与公益慈善事业",党的二十大报告再次强调"引导、支持有意愿有能力的企业、社会组织和个人积极参与公益慈善事业"。[①] 第三次分配被纳入扎实推进共同富裕的政策体系中,成为我国分配制度的重要组成部分,也是推进共同富裕的有效补充。

初次分配是市场主导的,以效率为主要原则,再分配是政府主导,以公平为原则,第三次分配则是介于政府与市场之间,由社会力量主导、基于道德自愿和个体精神追求的资源配置方式,慈善捐赠、志愿服务都属于第三次分配的范畴。第三次分配超越了西方主流经济学对政府和市场在资源配置效率和边界上的争论,通过引入社会维度弥补初次分配和再分配在调节收入差距、促进社会公平方面的不足,是"社会之手"在资源配置中的直接方式,是促进全体人民共同富裕的重要补充。

当前,我国推进第三次分配已有物质基础和社会基础。一方面,我国的经济体量足以为第三次分配提供稳定的资源池。相比于世界其他国家,第三次分配占我国 GDP 的比重较低,仅维持在 0.1%—0.3% 之间,而美国这一比例在 2% 左右。这意味着我国第三次分配的发展潜力依然较大,如果能够将第三次分配占比提高到 1%,就可激活超过 1 万亿元的经济资源,为共同富裕提供直接的物质支撑。另一方面,我国拥有世界上规模最大的中等收入群体,其收入和消费都处于相对稳定的中高水平,有意愿也有能力加入第三次分配中。此外,我国慈善事业经过多年发展已初步具备了组织基础、人才基础和舆论基

[①] 习近平:《高举中国特色社会主义伟大旗帜 为全面建设社会主义现代化国家而团结奋斗——在中国共产党第二十次全国代表大会上的报告》,人民出版社 2022 年版,第 47 页。

础，加之数字慈善平台的兴起等有利因素，都将有力推动第三次分配的发展。

为进一步推进第三次分配，切实发挥以第三次分配推进共同富裕的作用，在实践中应从以下三个方面持续发力。第一，完善第三次分配的规则体系。慈善组织是实现第三次分配的重要主体，在扩大慈善组织规模的同时，应加快制定符合经济社会发展形势的规则体系，加强对公益慈善组织的管理和监督，提高资金使用效率。第二，促进再分配和第三次分配协同发展。充分发挥税收制度的激励作用，通过提高慈善捐赠准予扣除比例，征收房产税、遗产税、赠与税和资本所得税等再分配政策助推第三次分配。第三，利用"互联网＋慈善"模式推动"大数慈善"长足发展。数字经济的发展和数字支付系统的不断完善，有力促进了第三次分配的"大数化"，使民众能够更为便捷地参与到慈善事业中去，但同时也应妥善应对数字慈善对相应法律规则的挑战。

二、实施就业优先战略，促进高质量充分就业

马克思主义政治经济学认为，劳动是价值的源泉，是人类社会存在和发展的基本前提，全体人民共同富裕要靠勤劳智慧来创造。因此，就业是最基本的民生，更为充分、更为公平、更高质量的就业是推进共同富裕的重要保障。这就要求在高质量发展中实施就业优先战略，健全就业促进机制，优化社会就业环境，创造更多就业机会，提高劳动者就业、创业能力。

（一）十八大以来的就业政策与就业形势

就业乃民生之本，国民财富之源。党的十八大以来，面对复杂多变的国内外经济环境与就业领域的多重矛盾挑战，我国始终将就业工作作为保民生、稳社会的重中之重，坚持实施就业优先战略和更加积极的就业政策，大力推动大众创业、万众创新。党的十八大确立了"劳动者自主就业、市场调节就业、政府促进就业和鼓励创业"的基本就业方针；"十三五"规划将就业优先上升到战略层面，启动促进就业行动计划，以实现比较充分和高质量的就业为目标；党的十九大进一步提出"就业是最大的民生"，"十四五"规划着重就健全有利于更充分更高质量就业的促进机制、缓解就业结构性矛盾作出战略部署。在各类就业促进政策下，我国就业规模合理扩大、就业质量明显提升、就业形势稳中向好，为经济社会的稳定、高质量发展提供了关键助力。2012—2021 年，我国就业人员总数平均为 76299.1 万人，2012 年城镇新增就业 1266 万人，2019 年达到 1352 万人，2020 年和 2021 年受新冠疫情等不利因素冲击，城镇新增劳动就业分别为 1186 万人和 1269 万人，① 为就业工作带来一定压力。从就业结构来看，第三产业已经成为吸纳劳动力就业的中坚力量，就业人员占比从 2012 年的 36.1％提高到 2021 年的 48.0％，预计到"十四五"规划末，随着数字经济发展带来的灵活雇佣等新型就业模式不断发展，这一比例将持续提升。在就业质量方面，近十年我国劳动力素质普遍提高，第七次全国人口普查结果显示，16—59 岁劳动年龄人口平均受教育

---

① 参见《就业形势稳中向好　民生之本亮点纷呈——党的十八大以来经济社会发展成就系列之四》，2017 年 7 月 28 日，见 http://www.stats.gov.cn/ztjc/ztfx/18fzcj/201802/t20180212_1583219.html。

年限从 2010 年 9.7 年提高至 2020 年的 10.8 年。①2021 年城镇非私营单位就业人员平均工资为 106837 元，城镇私营单位就业人员年均工资为 62884 元，而 2012 年分别为 46769 元和 28752 元，年均增速达到 8.6% 和 8.1%。

当前，我国就业形势基本向好，但也面临一系列不平衡不充分的难题。一是就业结构性矛盾亟待缓解，主要表现为劳动力市场供给和需求的错配现象。随着劳动力占比的下降与人口老龄化程度的加深，劳动力供需矛盾更加突出，难以适应经济高质量发展对于具备高技能与良好教育水平的人力资本需求，导致劳动力局部短缺与过剩同时存在。随着经济社会的进步，第三产业占比逐渐提高，产业结构发生深刻变化，致使劳动力产业分布和经济结构的适配度降低。2021 年第一、二、三产业就业人员占比分别为 22.9%、29.1% 和 48.0%，而三次产业增加值占比相应为 7.3%、39.4% 和 53.3%。第一产业劳动生产率偏低，就业人员存在客观冗余，伴随城镇化的发展，农民进城务工的规模扩大，农民市民化问题亟须解决。二是重点群体存在就业困难现象，主要包括高校毕业生、农村转移劳动力、城镇困难人员、退役军人等群体。近年来，随着国民受教育程度的提高，高校毕业生逐年增加，2021 年高校毕业生总人数达到 909 万，2022 年为 1076 万，同比增加 167 万人，尤其在疫情防控常态化的背景下，保就业保民生的压力仍然较大。2021 年末，全国农民工规模达到 29251 万人，占我国就业人员总数的 39.2%，② 务工收入已超过务农收入成为农民收入的

---

① 参见《第七次全国人口普查主要数据结果新闻发布会答记者问》，2021 年 5 月 11 日，见 http://www.stats.gov.cn/xxgk/jd/sjjd2020/202105/t20210511_1817280.html。

② 参见王萍萍：《2021 年就业形势总体稳定》，2022 年 1 月 18 日，见 http://www.stats.gov.cn/xxgk/jd/sjjd2020/202201/t20220118_1826610.html。

首要来源。当前，由于农民工就业技能无法完全适应产业结构升级需要而导致的招工难现象仍然存在，同时还出现了农民工总体老龄化趋势，2021 年本地农民工年龄平均为 46.0 岁，[①] 这些因素都进一步加剧了劳动力的结构性短缺。

（二）实施就业优先战略的政策蕴意

实施就业优先战略、促进高质量充分就业的实现基础在于经济高质量发展。只有经济健康持续发展才能够最大程度上保住市场经营主体，提供充足的就业岗位，才能够实现劳动报酬的合理增长，切实改善就业人员的生活水平，使发展的成果为全体人民共享。因此，面对当前就业工作的基本形势与主要矛盾，最根本的是要坚定不移地以经济建设为中心，在高质量发展中促进高质量充分就业。

在实践上，一是要坚持基本经济制度，促进公有制经济和非公有制经济健康发展，激发各类市场主体活力。深入推进国有企业改革，坚持党对国有企业的领导，建设中国特色现代企业制度，提高生产经营效率；优化民营企业发展环境，着力构建高水平市场经济体制，使民营企业能够在更为公平、公开、公正的法律与市场环境中参与竞争，转变政府职能，优化营商环境。二是要促进中小企业高质量发展，坚决保住市场主体。中小企业已成为我国市场主体的核心组成部分和主要的就业吸纳者，截至 2021 年末，全国企业数量为 4842 万户，其中超过 99% 为中小企业，中小企业对就业的总体贡献度超过了 80%，中小企业能否高质量健康发展成为影响就业规模和就业质

---

① 参见乔金亮：《关注农民工结构性新变化》，《经济日报》2022 年 5 月 10 日。

量的重要因素。受新冠疫情影响，全球经济增长面临压力，中小企业资金规模小，在产业链和供应链受到冲击之时，往往首当其冲。为此，我国已出台了一系列财政补贴、税收优惠、信贷支持等"政策组合拳"并加快深化营商环境改革，为中小微企业纾困解难，提升中小企业抗风险能力，畅通产业链、供应链和数据链，强固资金链，切实降低中小企业融资成本，通过"保主体"达到"稳就业"的目的。

共同富裕目标落实到每位劳动者及其家庭，最基本的是要保障其就业权利和就业能力。在高质量发展中坚持就业优先战略，不仅要着眼于就业规模的有序扩张和就业结构的深入改善，同时要注重就业机会的公平保障并形成积极合理的就业预期。《中华人民共和国宪法》第四十二条规定公民有劳动的权利和义务，强化就业优先政策，首先要保障劳动者合法就业、公平就业的权利。一方面，要着力统筹城乡就业政策体系，破除妨碍劳动力、人才流动的机制和政策弊端，在竞争中充分实现劳动力价值；另一方面，要消除影响平等就业的不合理限制，破除妨碍劳动者就业的歧视性规定，"全面清理各类限制性政策，增强劳动力市场包容性"[1]，保障个体通过劳动实现发展的公平机会。尊重不同社会群体如女性、残疾人的平等就业权利并增强劳动保障力度，针对就业困难群体出台相应兜底帮扶政策，完善高校毕业生、退役军人、进城务工人员等重点群体就业支持体系。

其次，也要着力提高劳动者的就业和创业能力，全面提升劳动力素质，使之适应市场需求和产业结构的变化。健全终身技能培训制度，推动解决结构性就业矛盾，鼓励企业开展岗前培训和职业指导，

---

[1] 《中华人民共和国国民经济和社会发展第十四个五年规划和2035年远景目标纲要》，2021年3月13日，见 http://www.gov.cn/xinwen/2021-03/13/content_5592681.htm?pc。

支持和规范数字经济等新业态下的各类就业创业新形式不断发展，完善促进就业带动创业的制度保障，构建创业友好型政策制度体系，为自主创业提供适度的政策优惠与宽松的政策环境。此外，要坚持发挥有为政府的积极作用，健全就业公共服务体系。利用大数据、人工智能算法等先进技术手段改善现有就业信息共享平台，最大程度上减少劳动力市场上的信息不对称程度，降低摩擦性失业的发生概率。加强对劳动者合法权益的保护力度，健全劳动法律法规，完善劳动关系协商协调机制，党的二十大报告尤其强调要加强灵活就业和新就业形态劳动者权益保障。

最后，要将提高劳动力素质和专业技能放置在宏观政策的重要位置，为经济高质量发展提供源源不断的人才动力支撑。规模充足、素质较高、结构优化、更新迭代速度合理的人才队伍是决定一国经济发展潜力的重要因素。截至 2021 年末，我国技能劳动者总量超过 2 亿人，占全部就业人员的 26%以上，其中高技能人才占技能劳动者比重超过30%。[①]未来，应进一步完善教育制度，提高国民受教育水平，加强职业技能教育投入力度，扩大技能劳动者规模，以支持提升国家战略科技力量和促进经济高质量发展的战略目标。

三、加大税收、社保、转移支付等的调节力度

税收、社保和转移支付是再分配的三类重要机制，也是政府能直

---

① 参见《全国总工会：截至 2021 年全国技能人才总量超过 2 亿人》，2022 年 6 月 2 日，见 https://baijiahao.baidu.com/s?id=1734518989621662016&wfr=spider&for=pc。

接掌握的可用以调节收入分配、推进共同富裕的政策手段。

（一）完善有助于缩小收入分配差距的税收体制

1994年分税制改革以来，我国税收制度不断优化，初步形成了税制合理、税负稳定、结构科学、管理规范的现代税收体系。[①] 党的十八大以来，进行了两项重要的税制改革：一是推动"营改增"试点，二是进行个人所得税改革。"营改增"有助于完善并延伸增值税抵扣链条，解决营业税存在的重复征收问题，[②] 进而降低企业税负。2019年起我国实行综合与分类相结合的个人所得税制度，2020年完成首次综合所得汇算。本轮个人所得税改革提高了起征点，增加了专项附加扣除，有利于提升个人所得税的累进性，减轻了中低收入群体的税负。然而，再分配领域，我国现有税收制度对收入分配差距的调节仍存在不足，主要呈现"三低"特征。一是直接税比重低。我国直接税比重在40%左右，而西方发达国家直接税占比均超过50%，这导致我国直接税对收入分配的调节作用有限，难以实现"抽肥补瘦"的作用。二是直接税中的个人所得税占比偏低。2019年我国个人所得税占税收比重仅为6.6%，远低于发达国家。三是个人所得税中对财产课税比重低。我国个人所得税主要针对工资、劳务以及个体工商户生产所得征税，比重超过70%，其中劳动报酬边际税率为45%，但利息、股息、红利、财产转让所得征税占比为30%，其中资本所得边际税率仅为

---

① 参见赵峥等：《共同富裕视域下的我国再分配制度：成效、挑战与建议》，《改革与战略》2022年第2期。

② 参见余家林、陶然：《"营改增"、需求冲击与土地出让》，《财经问题研究》2022年第5期。

20%。以上数据表明，我国税收制度难以发挥调节收入差距的作用，甚至在一定程度上拉大了收入差距。党的二十大报告首次提出规范收入分配秩序、规范财富积累机制，为个人所得税制度的改革提供了明确的方向，主要针对财产积累过程中所产生的分配差距。为有效弥补现有分配制度在缩小居民收入差距上的不足，应加快完善税收制度体系，优化税制结构，提高直接税比重，完善财产税制度，尝试征收房产税和遗产税，提高资本的边际税率。同时，要提高税收监管的技术水平，构建数字税收监管体系，强化税收征管的科学性和全面性。

（二）加快健全社会保障体系，回应人民群众的美好生活需要

社会保障体系是人民生活的安全网和社会运行的稳定器。当前，我国已建成世界上最大的社会保障体系，覆盖范围不断扩大、保障水平持续提高、管理服务逐步规范。2014年，"新农保"和"城居保"合二为一，形成全国统一的城乡居民养老制度，为缩小城乡社会保障差异奠定了制度基础，社会保障的公平性和可及性有所提高。2021年末全国城乡居民社会养老保险参保人数为5.5亿人，而2012年为4.8亿人；2021年新型农村社会养老保险试点参保人数为3.2亿人；城镇基本医疗保险年末参保人数为13.6亿人，是2012年的2.54倍；参加失业保险、工伤保险、生育保险人数分别为2.3亿人、2.8亿人和2.4亿人。以上数据表明，我国保障城乡居民基本养老与医疗需求的能力逐步提升，但各类社会保险仍未做到全民覆盖。在医疗保障方面，截至2021年末全国共有医疗卫生机构103.1万个，而2012年仅有95.0万个；2021年卫生技术员达1398.30万人，虽然近年来规模稳步扩大，但增速趋缓。

现阶段，我国基本社会保障在居民住房、就医便利性、公共服务普惠性和财政投入等方面仍存在诸多难点。在家庭部门银行贷款中，房贷成为最重要的组成部分，2019 年占比高达 75.9%。虽然近年来楼市调控政策趋紧，但购房仍为城镇家庭带来较大的压力。党的二十大报告再次重申"房子是用来住的、不是用来炒的定位"，提出"加快建立多主体供给、多渠道保障、租购并举的住房制度"①；医疗资源在各城市分布不均，部分药品难以通过医保报销，看病难、看病贵问题并未从根本得以解决，未来应继续完善医疗保障制度、大病保险和医疗救助制度等，促进多层次医疗保障有序衔接；城乡居民在社会保障方面的二元分割现象仍未消除，城市高收入、工作稳定的群体所得到的社会保障平均水平普遍也较高，社会保险覆盖面有待提高；同时，地方财政在应对社会保障支出需要时，往往显得捉襟见肘、力不从心。随着我国人口老龄化程度的加深，央地财政压力均有所增加，近年来社保基金收入、社保基金累计结余增速逐渐放缓。未来应着力健全覆盖全民、统筹城乡、公平统一、安全规范、可持续的多层次社会保障体系，调整现有社会保障政策在不同群体范围内的差异，缩小社会保障差距，通过更为合理精巧的机制设计促进社会保障政策向低收入群体倾斜。

（三）构建有利于共同富裕的转移支付制度

近年来，我国一般性转移支付规模稳定增长，为财力和经济发展

---

① 习近平：《高举中国特色社会主义伟大旗帜　为全面建设社会主义现代化国家而团结奋斗——在中国共产党第二十次全国代表大会上的报告》，人民出版社 2022 年版，第 48 页。

实力处于相对弱势的欠发达地区提供了资金支持，帮助其发挥政府的公共服务职能，有效平衡了区域之间的财力分配。党的十八大以来，出台的《深化财税体制改革总体方案》等政策文件，进一步完善转移支付制度并取得了突出成效。一是转移支付资金管理办法逐步规范，完善一般性转移支付和专项转移支付的管理办法，包括下达使用、绩效管理、监督检查等方面；二是转移支付结构进一步优化，扩大一般性转移支付规模，压减专项转移支付；① 三是建立常态化财政资金直达机制，印发《财政部关于做好 2021 年财政资金直达机制有关工作的通知》等一系列政策文件，扩大直达范围、优化分配流程，加强监控监管，基本实现民生补助资金的全覆盖。2021 年中央财政直达资金已全部下达到省级，通过直达资金安排项目超过 43 万个，累计实现实际支出 2.67 万亿元，支出进度高于一般预算资金。②

我国转移支付领域目前仍缺乏明确的法律法规体系，尤其是省以下的财政转移支付，仍未有明确的绩效管理和监督标准。此外，中央政府和地方政府在财权和事权上不尽匹配，尤其对于部分规定用途或地方配套资金的转移支付，实际上并未充分发挥作用，在一定程度上制约了地方财政的资金统筹使用能力。未来应提高财政转移支付的均衡性、精准性、有效性，完善财政转移支付法律法规，探索政府间横向财政转移支付制度，优化省以下财政转移支付的使用绩效管理，改善央地财权事权关系，构建有利于区域协调发展和共同富裕的财政转移支付制度。

---

① 参见肖捷：《国务院关于深化财政转移支付制度改革情况的报告》，2016 年 12 月 26 日，见 http://www.mof.gov.cn/zhengwuxinxi/caizhengxinwen/201612/t20161226_2504987.htm。

② 参见《2021 年中国财政政策执行情况报告》，2022 年 2 月 27 日，见 http://www.gov.cn/shuju/2022-02/27/content_5675913.htm。

四、完善公共服务政策制度体系

2021 年中央经济工作会议指出，扎实推进共同富裕，要坚持尽力而为、量力而行，完善公共服务政策制度体系，在教育、医疗、养老、住房等人民群众最关心的领域精准提供基本公共服务，着力构建覆盖全民、城乡一体、均等可及、优质高效的社会基本公共服务体系。

（一）公共服务政策制度体系建设的基本原则

提供社会公共服务是政府的重要职责，更是全体人民共同富裕中必不可少的一环，直接影响居民生活的幸福感和获得感。完善公共服务政策制度体系的关键目标是为不同区域、不同群体提供均等化的公共服务，指导思想是新发展理念中的共享发展。共享发展包括全民共享、全面共享、共建共享、渐进共享等基本内涵，分别对应了全民富裕、全面富裕、共建富裕、渐进富裕的基本要求 ①。公共服务政策制度体系的建设也应坚持以下四方面原则。

首先，公共服务属于社会公共产品，其分配应以普及普惠为前提，基本公共服务均等化是共同富裕的应有之义。当前，我国基本公共服务质量在城乡之间、区域之间仍存在较大差异。以教育为例，2012—2019年农村普通小学生均教育事业费规模和增速始终低于全国水平，城乡义务教育一体化发展任重道远。在社会保障方面，经济发达地区和欠发达

---

① 参见韩保江：《实现全体人民共同富裕：逻辑、内涵与路径》，《理论视野》2021年第 11 期。

地区在财力上的差距导致其所提供的社会保障水平和质量存在差异。实现基本公共服务的全民共享仍是"十四五"规划时期的重要任务。

其次，基本公共服务的全面性，意味着应覆盖人民生活衣食住行等各方面，包括教育、医疗、养老、住房等重点领域。当前，我国基本医疗保险覆盖 13.6 亿人，基本养老保险覆盖近 10 亿人，建成了世界上规模最大的社会保障体系。然而由于城镇化和人口老龄化加快发展、产业结构快速升级、就业方式灵活多样化等新形势的出现，现有社会保障体系的质量、精准度、制度设计的合理性等仍有待提高。在教育、医疗、养老、住房等领域，社会基本公共服务和人民群众的实际需求之间矛盾较为突出，直接原因在于公共服务资源供给不足和政策调控未能及时适应社会需求，解决的关键则是以人民安居乐业作为政策出发点，持续深化民生领域制度改革，在做大公共服务资源存量的基础上，优化资源配置。

再次，公共服务政策制度体系建设的责任主体不仅限于政府，良好的社会公共服务需要社会各界积极参与、共建共享。根据公共服务的性质与供给主体，可将其分为基本公共服务和普惠性非基本服务两类。基本公共服务主要由政府提供，市场主体、公益组织提供补充，目的是保障全体人民的基本生存与发展需要，如社会保障、社会救助、基本医疗设施的提供等。普惠性非基本公共服务是在生存发展需求的基础上，通过动员社会各界的力量，增加公共服务供给质量和规模，满足居民更高层次的发展需要和福利诉求，提供主体为政府、企业、公益组织等。当前我国社会的主要矛盾在于人民对美好生活的需要同社会发展不平衡、不充分之间的矛盾，而这类需要在不同群体、不同发展阶段是存在显著差异的，这就要求建设多层次的公共服务体系。市场在回应需求方面是最为直接迅速的，可以为更高层次的非基本公共服务提供有益补充，公益组织也能够为基本社会福利制度无法覆盖的领域提供支撑。

最后，公共服务政策制度体系的完善并非一蹴而就，而是要坚持久久为功，尽力而为、量力而行。习近平总书记指出，要"把提高社会保障水平建立在经济和财力可持续增长的基础之上，不脱离实际、超越阶段"[①]。在公共服务体系的建设过程中，地方政府要以本地财力为基础，不过度承诺，按照发展阶段稳妥推进，促进公共服务保障与经济社会发展相协调。分税制改革改变了中央财政和税收收入占比偏低的问题，也调动了地方政府为税收和增长而竞争的积极性，但由于地方政府的财权和事权并不完全匹配，地方预算普遍处于紧平衡的状态。在新冠疫情的冲击下，防疫情、保民生、促发展三项任务对地方财政提出了更为严峻的挑战。因此，现阶段制定社会基本公共服务政策制度体系，要坚持一切从实际出发，坚持以经济建设为中心，在财力允许的范围内通过引入多元公共服务提供主体、拓展公共服务提供方式等办法，提高公共服务供给效率和质量。

（二）坚持目标导向，不断提高公共服务供给质量

完善公共服务政策制度体系，关键在于机制设计和激励设置。长期以来为增长而竞争的地方发展模式使得相对于经济建设投入而言，民生保障支出和公共服务供给相对不足。不同区域、不同群体所享有的公共服务水平存在显著差异，尚未形成全国统一、有章可循的公共服务供给规则，难以为共同富裕提供支撑。基于此，党的十八

[①]　《习近平谈治国理政》第四卷，外文出版社 2022 年版，第 344 页。

大以来，先后编制了《"十三五"推进基本公共服务均等化规划》和《"十四五"公共服务规划》，对基本公共服务体系建设作出总体部署。2021年出台的《国家基本公共服务标准（2021年版）》，明确了基本公共服务的底线和范围，为各地基本公共服务供给提供了可参考的统一标准，明确了政府履职界限，为完善公共服务政策制度体系、促进公共服务均等化初步清除了标准与规则上的障碍。

《"十四五"公共服务规划》根据以上标准，从幼有所育、学有所教、劳有所得、病有所医、老有所养、住有所居、弱有所扶、优军服务保障和文体服务保障9个方面具体制定了2025年的公共服务供给指标，共有22项，包括预期性指标15项，约束性指标7项，进一步为政府履责提供了法定依据。在住有所居方面，提出对城镇户籍低保、低收入家庭申请公租房做到应保尽保，对符合条件的农村低收入群体住房安全保障也应做到应保尽保，同时着力扩大保障性租赁住房供给、加快改造城镇老旧小区。在医疗卫生方面，提出完善城乡医疗服务网络，扩大医护人员规模，完善跨省异地就业直接结算机制，提高优质医疗资源的可及性等目标。在养老保障方面，设置了养老机构护理型床位占比（55%）、新建城区和居住区配套建设养老服务设施达标率（100%）两个约束性目标，以及基本养老保险参保率（95%）和养老服务床位总量（1000万张）两个预期性目标。通过规划的有效执行，预计到"十四五"规划末，我国将建成多层次、多样化的公共服务供给体系，公共服务供给的质量得以优化，相应政策、制度、标准将进一步完善，满足人民群众美好生活需要的能力不断提升，助力全体人民共同服务迈出坚实步伐。

（执笔人：崔琳）

第 九 章 ｜ 共同富裕的实践路径

扎实推动共同富裕需要正确认识和把握实现共同富裕的实践途径。党的二十大报告提出，"我们深入贯彻以人民为中心的发展思想，在幼有所育、学有所教、劳有所得、病有所医、老有所养、住有所居、弱有所扶上持续用力……建成世界上规模最大的教育体系、社会保障体系、医疗卫生体系……人民群众获得感、幸福感、安全感更加充实、更有保障、更可持续，共同富裕取得新成效"[①]。习近平总书记强调，要"正确认识和把握实现共同富裕的战略目标和实践途径……在我国社会主义制度下，既要不断解放和发展社会生产力，不断创造和积累

[①] 习近平：《高举中国特色社会主义伟大旗帜　为全面建设社会主义现代化国家而团结奋斗——在中国共产党第二十次全国代表大会上的报告》，人民出版社 2022 年版，第 10—11 页。

社会财富，又要防止两极分化……实现共同富裕的目标，首先要通过全国人民共同奋斗把'蛋糕'做大做好，然后通过合理的制度安排正确处理增长和分配的关系，把'蛋糕'切好分好。这是一个长期的历史过程，要稳步朝着这个目标迈进"[①]。从现阶段来看，发展仍然是核心使命，要坚持以人民为中心的发展思想，在高质量发展中促进共同富裕。

一、进一步解放和发展社会生产力

10 年以来，我国生产力水平虽然快速提升，但是仍然面临微观主体活力不足，一些关键核心领域的先进生产力与发达国家存在差距等困境。结合中国共产党百年来领导经济工作的历史经验可以看出，生产力是决定社会发展的最终力量，因此进一步解放和发展生产力在我国实现全体人民共同富裕的过程中发挥着重要的基石作用。解放和发展生产力需要以坚持公有制为主体、多种所有制经济共同发展的所有制结构；完善社会主义市场经济体制；践行创新发展理念；实行高水平对外开放、用好国际国内两个市场等方面为抓手，具体的实践路径如下：

（一）推动公有制经济向民生领域倾斜

共同富裕视域下，在坚持公有制为主的同时，需要进一步推动公有制经济向民生领域倾斜，以公有制经济的力量保证我国居民的教育、医疗和社会保障水平，从而促进生产力发展。

① 习近平：《习近平谈治国理政》第四卷，外文出版社 2022 年版，第 209—210 页。

第一，加大公有制资本对职业培训中心、公办和普惠性幼儿园、九年一贯制学校、地方性高校的投资力度，鼓励国有资本入股，让广大人民、特别是还未达到中等收入的人民也能够享受到公有制教育带来的福利。第二，在医疗卫生领域，扩大国有药品企业在行业领域的规模，将更多类的常用药物、慢性病药物纳入医保报销范畴，以公有制经济的力量确保药品质量和价格能够满足广大患者的需要。第三，完善国有资本划转社保基金的机制体制，建立国有资产结构与布局优化制度，从源头上提升国有资产红利水平。

（二）激发非公有制经济活力和创造力

以民营企业为代表的非公有制企业的发展往往面临融资难、税费压力大等问题。因而，在我国扎实推动共同富裕的背景下，需要进一步深化供给侧结构性改革，改善民营企业的营商环境，降低民营企业的实质性生产负担。

第一，对民营企业降低不必要的行政审批手续，精简行政审批的流程和收费项目，减低民营企业的运营成本。第二，针对民营企业和初创型小微企业等，可以创新税收制度，采取普惠性的税费免除政策，不断解放和发展生产力。第三，各地区加快营造公平有序的营商环境，通过合理引导、促进民营企业、小微企业等非公有制经济健康发展，"让一切劳动、知识、技术、管理、资本的活力竞相迸发，让一切创造社会财富的源泉充分涌流"[1]，在解放和发展生产力的同时，

---

[1]　中共中央文献研究室编：《十八大以来重要文献选编》上，中央文献出版社2014年版，第512页。

实现共建、共享、共富的统一。

（三）构建高水平的社会主义市场经济体制

市场经济是共同富裕的重要推动力量，其不仅有利于财富的创造，还有利于生产力的发展。现实中，单纯依靠市场经济可能会引发垄断、超额利润、强资本、弱劳动等现象，从而导致财富向部分企业、部分地区、部分群体集中。因而在共同富裕视域下，我国需要构建高水平的社会主义市场经济体制，在充分激发微观主体活力的同时，保证财富创造的公平性和分配的合理性。

第一，坚持社会主义与市场经济的有机结合，进一步加强党对经济工作的集中统一领导，保证我国市场经济发展大局和共同富裕目标的统一。第二，加快推进政府行政管理体制改革，精简政府机构，提高政府效率，增强政府宏观调控的科学性。一方面，发挥好政府的理念引导作用，用"创新、协调、绿色、开放、共享"的理念推动发展方式的变革；另一方面，发挥好战略引领作用，发挥好社会主义集中力量办大事的制度优越性，健全市场经济条件下的新型举国体制，促进我国先进生产力的发展。

（四）加快构建协同、共享、高效的区域创新网络

创新是推动经济增长的内生动力，而创新能力是一国的先进生产力的代表。新发展阶段，不断提升我国的技术创新水平、实现科技自立自强是解放和发展我国生产力的重要方面。在共同富裕视域下，科技创新范式更加强调创新的协同性和共享性，旨在缩小地区间、产业

间的创新差距，实现均衡发展。

第一，各地区需要进一步打破地方保护主义，完善创新要素在不同创新主体间的协调和共享机制，在不同地区间、城乡间建立起创新人才、不涉及保密要求的创新性知识等创新要素的共享网络和协同网络，加快打破影响技术扩散的隐性壁垒和制度。第二，各地区要重视区域创新平台、区域创新孵化器、区域新产业园区、区域创新走廊等的建设，加速政策落地。通过构建协同、共享的区域创新网络，一方面以创新水平的提升促进我国生产力的发展；另一方面可以为共同富裕的实现提供共享性的创新成果。

（五）实行高水平对外开放，培育大国生产力优势

共同富裕的实现一方面取决于中国国内经济发展质量，另一方面还要提高中国在世界市场上的竞争力。当今世界正经历百年未有之大变局，贸易保护主义抬头，逆全球化趋势明显，因而我国需要在更高层次和水平上实行对外开放，以此培育大国生产力优势。

第一，积极利用国内国外两个市场、两种资源，畅通国内大循环和国内国际双循环，改变我国"两头在外"的循环模式，充分激发出国内市场潜力，发挥出中国市场的生产力优势。第二，重塑参与国际大循环的方式，发展目标由数量追赶型转向结构调整和质量提升，在推进高水平对外开放的同时，加快构建高水平的对外开放平台，增加国民财务的创造能力，解放和发展生产力，夯实共同富裕的物质基础。

二、提升区域经济发展的平衡性和协调性

实现全体人民共同富裕，根本靠高质量发展，关键靠统筹协调。习近平总书记指出："协调是发展平衡和不平衡的统一，由平衡到不平衡再到新的平衡是事物发展的基本规律。……强调协调发展不是搞平均主义，而是更注重发展机会公平、更注重资源配置均衡。"① 当前，我国区域间的不平衡和不协调发展依然是制约全体人民实现共同富裕的关键，因而下一步我国要大力推进全国统一大市场战略，建立有效的区域协调发展机制，以此推动区域经济发展的平衡性和协调性。

（一）加快建设全国统一大市场

全国统一大市场的建设，可以打破地方保护主义和市场分割，从而实现要素和商品的自由流动，打通制约经济循环的关键堵点，是推动区域经济平衡发展和协调发展的重要抓手。

第一，要建立以资本、产权、劳务等要素为核心的区域性共同市场，实行统一的市场准入制度，完善统一的商标保护制度，避免地方保护主义，取消各类产品准入的附加条件。第二，建立区域性统一的商品资信认证标准，消除以行政区界为依据的一切歧视行为和做法，为各类市场主体创造公平竞争的环境。第三，加快构建人才共同市场，推进人才共建共享，最终实现市场对接，搭建畅通快捷的交流平台，形成区域内无阻隔的人才制度环境，充分发挥人力资本的作用。

---

① 习近平：《深入理解新发展理念》，《求是》2019 年第 10 期。

（二）建立有效的区域协调发展机制

造成区域经济发展不平衡的深层原因往往是地区间的体制机制差距问题，因而需要建立有效的区域协调发展机制。

第一，以消除区域市场壁垒、促进商品自由贸易和要素自由流动为核心进行市场一体化制度建设。加快完善合作机制，减少或消除区域间的无效竞争，提高区域整体发展效率。第二，深入推进财政事权和支出责任划分改革，逐步建立起权责清晰、财力协调、标准合理、保障有力的基本公共服务制度体系和保障机制。第三，建立区域间的政策调控、战略统筹、发展保障机制，建立健全区域政策与其他宏观调控政策联动机制，规范区域规划编制管理、建立区域发展监测评估预警体系、建立健全区域协调发展法律法规体系。

（三）构建优势互补的区域产业体系

在推进区域经济发展平衡性和协调性的过程中，构建优势互补的区域产业体系具有重要意义。

第一，应用新一代信息技术加快推动传统产业升级，有效增强区域间的生产经济联系，实现更大空间范围内的专业化、共享与规模经济，促使区域产业链和价值链的优化提升。第二，依据各地比较优势与产业基础，进一步强化地区间产业分工与合作。第三，注重地区间产业体系建设与创新能力培育之间的协同发展，应注重创新体系与产业体系之间的协同关系，避免创新体系与产业体系之间衔接不畅，使区域创新体系成为产业发展的高新技术供给源泉。

（四）健全和完善对口帮扶机制

经济发展水平较好的先进地区须向落后地区提供对口帮扶服务，帮助落后地区提升收入水平，实现高质量发展。

第一，巩固和完善对口帮扶机制，加快完善支援地和受援地建立更密切、更实质性的利益联结机制的顶层设计。第二，推进支援地区与受援地区跨区域补充耕地、城乡建设用地增减节余指标跨省域调剂、碳减排和能耗指标跨省域交易。第三，探索对一些生态环保等约束性指标实行合并考核，促进支援方和受援方更紧密地进行资源优化配置，实现互利共赢。

三、深化分配制度改革

党的二十大报告指出要完善分配制度，"分配制度是促进共同富裕的基础性制度"[1]。习近平总书记强调："正确处理效率和公平的关系，构建初次分配、再分配、三次分配协调配套的基础性制度安排，加大税收、社保、转移支付等调节力度并提高精准性，扩大中等收入群体比重，增加低收入群体收入，合理调节高收入，取缔非法收入，形成中间大、两头小的橄榄型分配结构，促进社会公平正义，促进人的全面发展，使全体人民朝着共同富裕目标扎实迈进。"[2]因而，深化

---

① 习近平：《高举中国特色社会主义伟大旗帜　为全面建设社会主义现代化国家而团结奋斗——在中国共产党第二十次全国代表大会上的报告》，人民出版社 2022 年版，第 46—47 页。

② 习近平：《扎实推动共同富裕》，《求是》2021 年第 20 期。

分配制度改革对于扎实推进共同富裕具有重要意义。

（一）切实提高劳动报酬在初次分配中的比重

扎实推进共同富裕，"要坚持按劳分配为主体、多种分配方式并存，提高劳动报酬在初次分配中的比重，健全工资合理增长机制"[①]。党的十九届四中全会强调，"坚持多劳多得，着重保护劳动所得，增加劳动者特别是一线劳动者劳动报酬，提高劳动报酬在初次分配中的比重"[②]。

初次分配覆盖面最广泛，与群众利益相关性最大。我国大部分居民的收入来自劳动所得，因而提升劳动报酬在初次分配的比重既能调动劳动者工作的积极性，又保证了分配的公平，是"坚持按劳分配为主体"的社会主义制度优越性的集中体现。第一，各单位，特别是国有企业要与员工建立起"事业共同体""利益共同体"的分配方式，与员工共享业发展成果，其中既包括健全工资合理增长机制，鼓励员工通过劳动实现增收致富，也包括开展员工技能培训，夯实员工发展与成长基础，提升员工劳动技能水平。第二，公有制部门牢牢坚持按劳分配为主，强调分配的公平性，非公有制部门须进一步提升按劳分配的比重。例如，华为公司按劳分配的比重高达 75％，按资分配的比重仅占 25％，[③] 极大调动了劳动者的积极性，提升了劳动者的收入水平。

---

① 中共中央党史和文献研究院编：《十九大以来重要文献选编》（中），中央文献出版社 2021 年版，第 830 页。

② 中共中央党史和文献研究院编：《十九大以来重要文献选编》（中），中央文献出版社 2021 年版，第 281 页。

③ 参见陈永忠：《中国特色民营集体所有制探索——对华为员工持股模式的政治经济学思考》，《经济论坛》2021 年第 3 期。

（二）继续加大二次分配的调节力度

二次分配主要由政府主导，包括税收、社会保障的五险一金及转移支付三个方面。习近平总书记强调，要"加大税收、社保、转移支付等调节力度并提高精准性，扩大中等收入群体比重，增加低收入群体收入，合理调节高收入，取缔非法收入，形成中间大、两头小的橄榄型分配结构，促进社会公平正义，促进人的全面发展，使全体人民朝着共同富裕目标扎实迈进"[①]，可见，二次分配是进一步确保分配公平的重要方式。

第一，完善个体所得税制度。当前我国个人所得税制度与财税公平原则的契合程度还不高，高收入阶层的纳税牺牲程度往往低于工薪阶层，主要原因在于个人所得税主要对劳动要素征税，忽视了资本所得的影响。因而要进一步加大资本收入的征税力度，提升资本所得税税率，减少针对资本收入的税收优惠。第二，提升专项附加扣除项目的扣除额度，尤其是幼儿抚养的专项扣除额度，从而减轻中等收入群体的负担。第三，受房产溢价的影响，房地产成为个人或者家庭财富积累的主要形式，因此，需要创新房地产税体系，建立健全耕地占用税、房地产税、契税和印花税在内的房地产税体系，需要注意的是，要对保障最低限度的生活住房采取不征税的政策，发挥房地产税对财富的调节作用。

（三）完善社会保障的收入再分配功能

习近平总书记强调："社会保障是保障和改善民生、维护社会公平、

---

① 习近平：《扎实推动共同富裕》，《求是》2021 年第 20 期。

增进人民福祉的基本制度保障，是促进经济社会发展、实现广大人民群众共享改革发展成果的重要制度安排，发挥着民生保障安全网、收入分配调节器、经济运行减震器的作用，是治国安邦的大问题"①，由此可以看出习近平总书记对社会保障工作的重视和关注。在实现共同富裕的目标下，我国社会保障的收入再分配功能发展还需要将社会保障支出规模、社会保障支出结构和社会保障在城乡间的均衡发展等方面作为着力点。

第一，扩大社会保障支出规模，提高用于社会保障的财政支出在总财政支出中的比重，将增加的社会保障支出更多地用于低收入群体、欠发达地区。第二，优化社会保障项目的内部结构，增加儿童福利保障、残疾人保障、生存保障、妇女生育福利保障、教育保障等方面的投入力量，重视"老、弱、妇、幼、残"群体，使共同富裕的路上一个都不能少。第三，推动社会保障在城乡间的均衡发展。当前，我国的社会保障资源和社会保障标准存在明显的城乡失衡现象，因此下一步需要同时提升农村社会保障覆盖面和农村社会保障补助标准，建立起城乡一体、互为协调的社会保障制度。

（四）充分发挥三次分配的调节作用

当前，中国民间财富积累日益增加，但慈善、捐赠事业的发展却较为滞后。党的十九届四中全会首次提出"重视发挥第三次分配作用，发展慈善等社会公益事业"②，党的十九届五中全会进一步明确要"发

---

① 习近平：《促进我国社会保障事业高质量发展、可持续发展》，《求是》2022 年第 8 期。

② 中共中央党史和文献研究院编：《十九大以来重要文献选编》（中），中央文献出版社 2021 年版，第 281 页。

挥第三次分配作用，发展慈善事业，改善收入和财富分配格局"①，这表明共同富裕的实现需要大力发展慈善事业、培育慈善组织，充分发挥三次分配对低收入群体、困难群体的收入调节作用。

第一，健全慈善捐赠的体制机制，在自愿原则的基础上，大力倡导、宣传高尚情操、社会主义核心价值观等优秀传统文化，激发更多的优秀企业家和高收入群体开展慈善事业的动力。第二，建立以社区为单位的"大众慈善"捐赠平台和活动，夯实中国慈善事业的社会基础。第三，对参与社会慈善和公益事业的高收入群体和组织给予一定的税收优惠，激发这些高收入群体参与社会慈善事业的动力。

四、提高经济增长的就业带动力

习近平总书记强调："鼓励勤劳创新致富。幸福生活都是奋斗出来的，共同富裕要靠勤劳智慧来创造"，要"提升全社会人力资本和专业技能，提高就业创业能力，增强致富本领"。②在2022年中央经济工作会议上，习近平总书记又讲道："要在推动高质量发展中强化就业优先导向""提高经济增长的就业带动力"③。就业是最大的民生，是扎实推动共同富裕的重要基础。当前我国的登记失业率虽处于较低水平，但是失业人数总量依然很高，工资水平、就业环境、就业公平

---

① 中共中央党史和文献研究院编：《十九大以来重要文献选编》（中），中央文献出版社2021年版，第809页。

② 习近平：《扎实推动共同富裕》，《求是》2021年第20期。

③ 习近平：《正确认识和把握我国发展重大理论和实践问题》，《求是》2022年第10期。

等均还有很大的提升空间。

（一）全面夯实就业优先政策

近年来，我国实行就业优先政策，将就业置于"六稳"工作和"六保"任务之首，以期实现更加充分、更高质量的就业。就业优先政策的高效实施和政策效果的良好发挥需要做好以下几项工作。

第一，防止就业优先政策跟产业政策、财政政策和货币政策之间出现"合成谬误"，需要加强就业优先政策与产业政策、财政政策、货币政策之间的协调性和同频性，将保就业、稳就业作为各项政策制定过程中需要考虑的底线原则。例如，要防止出现由于产业政策的调整、变化所造成的大规模失业，在新的产业政策制定之前需要充分评估、预测产业政策对就业的影响。第二，加大对弱势群体的就业帮扶力量，从而实现"提低、扩中、限高"的要求。共同富裕的道路上一个都不能少，各地区政府应该高度关注脱贫基础不稳定、农村留守妇女、残疾人士等的就业问题，为其提供就业帮扶和技能培训。第三，利用互联网平台健全完善的就业服务体系，提升就业服务的便利性水平。

（二）多措并举解决结构性就业问题

近年来我国各级政府在就业方面作出的努力有目共睹，取得的成绩也十分喜人。但是，就业市场上仍然存在一些问题，最突出的就是单位用人需求与劳动力供给间的失衡。处理好结构性就业矛盾，是激发就业市场活力，推进更加充分、更高质量就业的应有之义。

第一，定期调研劳动力市场需求，根据市场需求的动态变化，搭建多元化的普惠性就业培训平台，以此提升劳动者的技术水平，调整劳动者的知识结构，从而培养出满足市场需求的高质量就业人才。第二，从顶层设计上调整职业评价体系，实现职业教育与同级普通教育毕业成果的互相认证机制，逐渐清除就业市场中对职业教育人才的歧视性政策，对能够根据人才实际能力与岗位技术要求契合程度招聘的企业给予一定的表彰和鼓励。第三，鼓励国有企业与大学合作共建技能型人才培养基地，促进技术型大学生和产业人才需求的精准对接，促进教育链、人才链与产业链的有效衔接。

（三）创造更多高质量就业岗位

当前，我国人力资本水平快速提升，硕士毕业生与博士毕业生数量屡创新高。在 2022 年 5 月 17 日的教育部新闻发布会上，教育部高等教育司司长吴岩在会上表示，我国接受高等教育的人口达到 2.4 亿，新增劳动力平均受教育年限达 13.8 年，劳动力素质结构发生了重大变化，全民族素质得到稳步提高。① 因此，面对当前我国劳动力素质稳步提升的新变化，创造更多高质量就业岗位对实现更高质量就业具有重要意义。

第一，加强产业政策对高质量就业岗位的引导作用，以先进制造业和战略性新兴产业的发展为契机，充分发挥新产业、新经济、新业态在就业创造中的重要作用，拓展高质量的就业岗位。第二，以县域

---

① 参见《"教育这十年""1+1"系列发布会第二场召开，我国高等教育事业发展成效显著》，2022 年 5 月 17 日，见 http://k.sina.com.cn/article_3853952931_e5bba7a30190107ug.htm。

为单位，进一步激发县域消费市场，促进县域数字消费、绿色消费、健康消费等新兴消费的增长，推进县域消费提质升级，创造出更高质量的就业增长点。第三，将产业项目对就业岗位的影响和可能引起的人力资源配置变化纳入到项目评价的考核指标中，发挥产业项目投资对就业的带动作用。

五、实现基本公共服务的均等化

基本公共服务均等化是改善人民生活品质的重大举措。习近平总书记在中央财经委员会第十次会议上强调："到 2035 年，全体人民共同富裕取得更为明显的实质性进展，基本公共服务实现均等化"①，显示出基本公共服务的均等化在扎实推进共同富裕中的重要作用。

（一）以多样化教育助力共同富裕

教育促进共同富裕的核心在于教育公平和教育质量两个方面。习近平总书记强调："高校毕业生是有望进入中等收入群体的重要方面，要提高高等教育质量，做到学有专长、学有所用，帮助他们尽快适应社会发展需要。技术工人也是中等收入群体的重要组成部分，要加大技能人才培养力度，提高技术工人工资待遇，吸引更多高素质人才加入技术工人队伍……进城农民工是中等收入群体的重要来源，要

---

①　习近平：《扎实推动共同富裕》，《求是》2021 年第 20 期。

深化户籍制度改革，解决好农业转移人口随迁子女教育等问题，让他们安心进城。"[1]科学布局教育资源，提升教育质量是实现共同富裕的应有之义。当前优质的教育资源大多集中在一线大城市，中、小城市，特别是广大农村地区的优质教育资源非常薄弱，教育基础设施布局的公平性还有待提升。

第一，各地区应以常住适龄幼儿规模，而非户籍适龄幼儿规模为基数，大力发展普惠性幼儿园，解决那些在城市打工的农民工子女因户籍而造成的入园难问题。第二，加快推进优质义务教育的城乡一体化发展，鼓励拥有优质义务教育资源的学校在乡村设立分校，确保乡村的孩子也能接受到优质的教育。第三，重视职业技术教育的发展和技能人才的培训，通过产教融合、校企合作，增强职业技术教育的质量。第四，优化调整教育资源的布局结构、学科结构、专业结构，加快建立更加公平、更高质量的高等教育体系。第五，加强继续教育、特殊教育的规范性，帮助农村贫困学生提升知识和技能水平，从"体力劳动者"向"技能劳动者"转变。

（二）创新医疗服务助力共同富裕

实现共同富裕的道路上，人民健康直接关系到民族昌盛和国家富强。如果健康得不到保证，谈富裕就没有意义，因为人的体能、劳动态度、劳动技能、能力水平等人力资本依附于健康的体魄与心灵，决定着社会劳动生产效率的高低、创造财富的多少，并且人民群众可以通过健康而幸福的生活分享共同富裕的成果。与教育资源

---

① 习近平：《扎实推动共同富裕》，《求是》2021 年第 20 期。

相似，我国的优质医疗资源也集聚在一线大城市，医疗资源布局尚不合理。

第一，坚持理念应先行，树立全国范围内的大健康发展理念。在全社会形成大健康氛围，推动大健康管理体制和运行机制创新，普及健康生活、优化健康服务、完善健康保障、建设健康环境、发展健康产业，加快健康资源布局和优化配置。第二，提升医保统筹层次，促进制度的公平性和持续性。推进全国层面的医保统筹，力图实现全国范围内医疗保障制度设置、政策标准等规范统一。第三，扩大门诊慢性病病种的范畴，降低患者的门诊经济负担，完善大病保险的保障范围，将一些必须的高价检验项目和医用材料纳入保障范畴。第四，逐步取消困难人员医疗救助的封顶线限制，保证城乡困难人员就医的医疗费用综合保障率达到 90% 以上。第五，鼓励组建跨城乡的医疗服务集团，允许非公有资本采用多种形式，参与基本医疗服务主体框架外的公立医疗机构的改制，兴办公益性或经营性医疗机构以及组建医疗投资公司、医院管理公司和医疗集团。第六，推广"数字化＋医疗"，优化医疗服务。一方面，全面推进智慧医保建设，实现全面的异地门诊联网结算，让百姓少跑腿，让数据多跑路；另一方面，利用数字平台分类整合医生资源，按科室将医生分类，实现便捷化的线上问诊，使得贫困地区的居民可以足不出户，就能找到技术精湛的医生看病就医。

（三）发展高质量基础设施助力共同富裕

高质量的基础设施及相关服务供给是促进共同富裕、提升百姓生活品质的重要基础。首先，基础设施水平的提升可以直接改善民生，提升居民的生活质量；其次，基础设施建设能够带动更多建筑工人的就业，为进城务工人员提供就业机会；最后，基础设施的发展能够降低经济活动的成本，例如高速公里、高速铁路、航运、水运等的建设和发展能够节约运输成本和出差成本，网络基础设施建设降低了信息传输成本，自来水、电力等基础设施的建设降低了居民生活和生产的成本。因而，现阶段我国要以高质量的基础设施建设助推共同富裕。

第一，重视基础设施建设的空间平衡性。特别是在广大农村地区要保证公路、自来水、天然气、厕所、医院、学校等公共基础设施的可得性和便利性，防止基础设施建设二元结构的出现；在一些大城市和特大城市，要按照常住人口规模合理规划基础设施的建设，保证居民生活质量。第二，加速农村地区和贫困地区的互联网基础设施建设，以村为单位，确保每家每户都能接入互联网，每个村要安排专职人员向农民讲解互联网的使用方法、互联网带来的便利性、网络安全等相关知识，力图缩小城乡之间的数字鸿沟。第三，加快在区域间、城乡间建设涵盖铁路、公路、机场和港口等多种运输方式的交通网络体系建设。第四，加强农村地区室外公共健身器材、路灯、文化广场、公园绿地等基础设施的建设，保障农民的精神和文化生活。

六、扎实推动乡村振兴战略

"民族要复兴，乡村必振兴。"① 习近平总书记在中国共产党第

① 《习近平在中央农村工作会议上强调 坚持把解决好"三农"问题作为全党工作重中之重 促进农业高质高效乡村宜居宜业农民富裕富足》，《人民日报》2020 年 12 月 30 日。

十九次全国代表大会上指出，"农业农村农民问题是关系国计民生的根本性问题，必须始终把解决好'三农'问题作为全党工作重中之重。要坚持农业农村优先发展，按照产业兴旺、生态宜居、乡风文明、治理有效、生活富裕的总要求，建立健全城乡融合发展体制机制和政策体系，加快推进农业农村现代化"①。新发展阶段下乡村振兴战略不仅是实现农民收入增加、农产品供给质量提升、城乡一体化发展的重要抓手，还是推进农业农村现代化，保证全体人民实现共同富裕的重要依托。

（一）构建更加完善的城乡要素配置体制机制

推进土地制度改革。第一，完善建设用地审批权试点制度建设，加快形成可复制推广经验，优化土地空间布局，提高土地利用效率。第二，以同地同权同价为方向，构建城乡统一的建设用地市场，抓紧建立公平合理的集体经营性建设用地入市增值收益分配制度。第三，适度放活农村宅基地使用权，成立农村土地中介机构，完善农民宅基地流转制度，破除农民资本约束。

推进资本市场管理制度改革。第一，要发挥银行、产业基金的引导作用，拓展金融创新范畴，开发新型金融产品。第二，引导金融资本和社会资本流向农村，升级深化"放管服"改革，推进承诺制、法治化、标准化、智能化、便利化的"一制四化"审批制度走向基层村政府。第三，完善农村融资贷款和配套设施建设补助政策，推进政府

---

① 中共中央党史和文献研究院编：《十九大以来重要文献选编》（上），中央文献出版社 2019 年版，第 22—23 页。

支持乡村公益性项目和购买社会服务，建立工商资本租赁农地监管和风险防范机制，鼓励引导金融机构创新涉农金融产品提供机制，创新涉农小微企业金融服务产品。

此外，要积极探索普通高校和职业院校毕业生、外出农民工及经商人员返乡创业兴业机制，探索深化定期服务、轮岗交流等制度改革。

（二）延伸"智慧城市＋数字三农"产业链，构建现代化农业体系

推进农业数字化转型。第一，依托现有资源建设农业农村大数据中心，加快物联网、大数据、区块链、人工智能、第五代移动通信网络、智慧气象等现代信息技术在种植业、种业、畜牧业、渔业、农产品加工业的全面深度融合应用。第二，打造科技农业、智慧农业、品牌农业，建设智慧农（牧）场，推广精准化农（牧）业作业。第三，促进现代信息技术在家庭农场、农民合作社、供销合作社、邮政快递企业、产业化龙头企业建设产地分拣包装、冷藏保鲜、仓储运输、初加工等设施中的应用。第四，鼓励有条件的小城镇因地制宜发展"互联网＋"特色主导产业，打造感知体验、智慧应用、要素集聚的"互联网＋"产业生态圈，辐射和带动乡村创业创新，由"技术跟跑"变为"技术领跑"。

积极开展国家"数字＋生态"乡村试点。第一，提升乡村生态保护信息化水平。建立全国农村生态系统监测平台，统筹山水林田湖草系统治理数据，强化农田土壤生态环境监测与保护，可以利用卫星遥感技术、无人机、高清远程视频监控系统对农村生态系统脆弱区和

敏感区实施重点监测。第二，推广农业绿色生产方式。建立农业投入品电子追溯监管体系，推动化肥农药减量使用，并加大农村物联网建设力度，实时监测土地墒情，促进农田节水。第三，倡导乡村绿色生活方式。建设农村人居环境综合监测平台，强化农村饮用水水源水质监测与保护，实现对农村污染物、污染源全时全程监测，并引导公众积极参与农村环境网络监督，共同维护绿色生活环境，推动智慧型美丽乡村内生增长。

（三）构建普惠共享的城乡公共服务体制机制

完善教育资源均衡配置机制。第一，增加义务教育阶段公立校学位供给，尽力解决外来务工人员随迁子女义务教育问题。第二，重点发展农村教育事业，实施乡村学校硬件设施改造工程，建立统筹规划、统一聘用的乡村教师补充机制，深化职称制度改革、调整优化中高级岗位结构比例、落实工资待遇倾斜政策，增强乡村教师岗位吸引力。第三，完善教育信息化发展机制，利用线上教育平台等媒介，推动优质教育资源在城市间、城乡间、学区间、集团间共享。

完善医疗卫生服务体系建设。第一，深化分级诊疗制度，鼓励三级医院医疗资源下沉及与基层双向转诊，推动村卫生室与上级卫生院实现医保结算业务，积极布局数字化互联网医疗，方便群众就医。第二，建立城乡统一的医疗机构和卫生资源配置机制，加强乡村医疗卫生人才队伍建设，改善乡镇卫生院和村卫生室条件，增加基层医务人员岗位吸引力。第三，健全卫生联网机制，提高医疗信息化水平，建立居民个人健康档案，逐步实现全部检查结果跨医院、跨区域互认。

完善社会保障制度建设。第一，继续完善城乡居民基本医疗保险、大病保险和基本养老保险制度，巩固医保全国异地就医联网直接结算，推动实现村卫生室与上级卫生院医保结算。第二，建立城乡居民养老保险待遇确定和基础养老金动态调整机制，重点提高农村养老保险参保覆盖率和参保档位，盘活养老保险基金，加强激励分红。

完善公共服务设施建设。完善城区和城镇文教体卫设施体系建设，鼓励因地制宜打造金融、科教、医疗、体育、文化等特色功能区。完善农村公共服务设施配套和出行条件，为乡村配置村委会、老年活动室、卫生室、体育健身点、文化舞台、综合服务站等基本服务设施，提升服务水平。

（执笔人：王钺）

第十章 | "共同富裕"评价体系 构建、测度与分析

共同富裕是一定生产力水平基础上的社会财富分配、发展成果共享等方面的综合表达，是一个国家、社会追求的发展目标，需要也应该运用量化指标体系进行计量测度，为更高质量的发展提供科学的量化依据。

一、科学的评价体系对推动共同富裕具有重要实践价值

在经典理论和已有研究中，共同富裕是关于社会财富分配、发展成果共享与生产力发展的总体社会状态描述。作为发展目标，这一社会状态被视作社会主义的本质属性与根本价值追求。在《1857—1858 年经济学手稿》

中，马克思强调，在未来的社会主义制度中，"社会生产力的发展将如此迅速……生产将以所有人的富裕为目的"①。改革开放以来，我国经济发展水平不断提高，社会生产力不断进步。习近平总书记指出，现在，已经到了扎实推动共同富裕的历史阶段"②。党的十九大提出，"到本世纪中叶，全体人民共同富裕基本实现"的奋斗目标。党的十九届五中全会进一步提出，到 2035 年"全体人民共同富裕取得更为明显的实质性进展"，作为社会主义现代化重要的远景目标。经过全党全国各族人民共同努力，在中国共产党成立一百周年的重要时刻，习近平总书记庄严宣告，我国脱贫攻坚战取得全面胜利，创造了消除绝对贫困的历史伟绩，为扎实推进共同富裕打下了坚实的物质基础。

历史已经表明，共同富裕的实现只能是一个具体的、渐进的历史过程，无法一蹴而就。从而多数语境下，这一术语还刻画和表征达到这一社会状态的过程，即从当下状态到实现共同富裕社会状态的过程与路径。实践中的路径探索，主要围绕共同富裕的基本内涵展开，也就是从"共同"和"富裕"两个方面入手推动共同富裕实践。从字面意思来看，"共同"，强调"富裕"的对象和主体是"全体人民"，而不是部分"特殊"群体或阶层，这一原则旨在消除剥削和两极分化，侧重对发展成果的公平分配。"富裕"则强调社会主义的本质目标是全体人民的富裕而非"贫穷"，"贫穷不是社会主义"，是对社会发展和生产力水平的强调。简单来说，共同富裕，就是通过调整上层建筑等多种手段解放和发展社会生产力，打牢物质基础，不断推动实现人民对美好生活的向往。习近平总书记在中央财经委员会第十次会议上

---

① 《马克思恩格斯全集》第 46 卷（下册），人民出版社 1980 年版，第 222 页。
② 习近平：《扎实推动共同富裕》，《求是》2021 年第 10 期。

指出："共同富裕是全体人民的富裕，是人民群众物质生活和精神生活都富裕，不是少数人的富裕，也不是整齐划一的平均主义"，要"分阶段促进共同富裕"。① 上述论断，指明了共同富裕实际上是一个发展问题，需要在发展中不断完善，为在理论维度理解和实践维度推动共同富裕，提供了根本遵循。

党的二十大对共同富裕作了重要强调。报告指出，"从现在起，中国共产党的中心任务就是团结带领全国各族人民全面建成社会主义现代化强国、实现第二个百年奋斗目标，以中国式现代化全面推进中华民族伟大复兴"②。在对"中国式现代化"的描述中，党的二十大报告明确指出，"中国式现代化，是中国共产党领导的社会主义现代化，既有各国现代化的共同特征，更有基于自己国情的中国特色"③；同时指出，"中国式现代化是全体人民共同富裕的现代化"④。将推动全体人民共同富裕的现代化作为新时代中国共产党的中心任务，体现了中国式现代化的根本目的和党一切为了群众，一切依靠群众，从群众中来、到群众中去的政治本色，以及"实现共同富裕不仅是经济问题，而且是关系党的执政基础的重大政治问题"⑤，"中国共产党根基在人

---

① 《习近平谈治国理政》第四卷，外文出版社 2022 年版，第 142 页。

② 习近平：《高举中国特色社会主义伟大旗帜　为全面建设社会主义现代化国家而团结奋斗——在中国共产党第二十次全国代表大会上的报告》，人民出版社 2022 年版，第 21 页。

③ 习近平：《高举中国特色社会主义伟大旗帜　为全面建设社会主义现代化国家而团结奋斗——在中国共产党第二十次全国代表大会上的报告》，人民出版社 2022 年版，第 22 页。

④ 习近平：《高举中国特色社会主义伟大旗帜　为全面建设社会主义现代化国家而团结奋斗——在中国共产党第二十次全国代表大会上的报告》，人民出版社 2022 年版，第 22 页。

⑤ 《习近平谈治国理政》第四卷，外文出版社 2022 年版，第 171 页。

民、血脉在人民、力量在人民"①的政治清醒。

总言之，推动实现共同富裕的社会目标，是中国共产党人理想价值和现实追求的统一。实现共同富裕是党的重要的政治任务，其实现路径具有浓厚的政治色彩。在具体实践中，既强调做大蛋糕，又强调分好蛋糕，是两个方面的辩证统一。基于上述思考和构想，实践方面，对社会主义本质的贯彻和对共同富裕的坚守，表现为在发展战略中，坚持"一部分地区、一部分人可以先富起来，带动和帮助其他地区、其他的人，逐步达到共同富裕"②，从而实现"在做大蛋糕的过程中分好蛋糕"的总目标。与之对应的是，在经济领域采取"公有制为主体、多种所有制共存"和"按劳分配为主体、多种分配制度并存"的社会主义市场经济基本制度，作为实现共同富裕这一社会目标的基本举措，同时作为实现共同富裕社会目标的"过渡阶段"。共同富裕实现路径的渐进式特征意味着，在这样一个历史过程中，党和政府拥有广阔的政策空间，通过合理的政策工具，加速实现这一目标。这样就有利于更好更快地推动全体人民共享发展成果，并进一步解放和发展社会生产力，推动社会进步，实现人民对美好生活的向往。

进一步推动和实现共同富裕的社会目标，一个重要的任务是通过科学的测度工具，对处于不同发展阶段地区的共同富裕程度、状态进行量化评估，这是通过制定和实施收入调控政策，合理化收入分配、推进共同富裕的基本依据。其一，通过评价工具对各地区共同富裕水平进行量化，可以将相对抽象的区域发展状态予以直观展示，使各级政府和社会公众全面、完整获悉我国各地区推进共同富裕的进度

---

① 《习近平谈治国理政》第四卷，外文出版社 2022 年版，第 9 页。

② 《邓小平文选》第三卷，人民出版社 1993 年版，第 149 页。

状况,对各地区共同富裕水平有一个整体把握。其二,共同富裕评价体系的最终量化,由多个反映区域发展状况的方面综合得到。经由统一的共同富裕评价体系和标准对各地区进行测度,不仅可以清楚地看到该地区在推进共同富裕方面的整体状况以及在全国范围内的相对位置、水平,同时可以全面展示与共同富裕密切相关的各方面发展状况。基于发展与共同富裕之间路径与目的的关系。通过上述工作,可以全面了解该地区通过发展推进共同富裕的优势和短板,有助于各地区及时调整发展规划,保持优势或针对性补齐短板,更好实现高质量发展,不断推进、完善共同富裕。

二、构建共同富裕评价体系的基本原则

2021 年 6 月 10 日,中共中央、国务院发布《关于支持浙江高质量发展建设共同富裕示范区的意见》,明确提出"加快构建推动共同富裕的综合评价体系,建立评估机制,坚持定量与定性、客观评价与主观评价相结合,全面反映共同富裕示范区建设工作成效,更好反映人民群众满意度和认同感"。相关要求为构建共同富裕评价工具提供了遵循和指引。从《意见》来看,构建共同富裕评价体系基本原则和目标有两个:一是通过评价体系准确、全面反映各地区共同富裕建设成效。在此基础上,形成各地区横向比较的态势,以鼓励先进,勉励后进。二是通过构建评价体系来明确推进共同富裕工作的主要方面,为各地区因地制宜推进共同富裕提供方向和抓手。作为制定政策的基本依据,评价体系发挥着"指挥棒"的作用,对引导各地区推动共同富裕建设至关重要。

我国是共产党领导的社会主义国家，以马克思主义为指导思想。共同富裕作为马克思主义政治经济学乃至整个马克思主义理论体系中关于发展的重要目标，是重要的经济问题，同时也是重要的政治问题，体现共产党的执政宗旨。那么，在明确基本目标的基础上，具体指标构建的基本原则是，评价体系应当体现中国特色社会主义语境下共同富裕的独特内涵与时代背景。习近平新时代中国特色社会主义思想是当代中国马克思主义和新时代推进共同富裕建设的思想指引。事实上，就共同富裕这一主题，习近平总书记已经多次作出重要指示批示，提出一系列重要思想观点，相关论断对当下我国扎实推进共同富裕具有重要的理论和实践价值，从而是新时代共同富裕指标体系构建的操作指南。综合上述思考，本书认为，共同富裕评价体系，应当围绕"一个指引、两个目标"展开。其中，"一个指引"即指习近平新时代中国特色社会主义思想，表现为习近平总书记对共同富裕工作的重要指示批示。"两个目标"是指，"反映各地区共同富裕建设成绩"和"为各地区提供推动建设共同富裕的实践抓手"。基于上述基本原则，在共同富裕评价体系的具体构建方面，笔者作如下思考。

一是共同富裕归根结底是发展问题，要在高质量发展中促进共同富裕。党的十九大指出，我国社会主要矛盾已经转化为人民日益增长的美好生活需要和不平衡不充分的发展之间的矛盾。基本矛盾论断表明，目前我国仍然面临发展不平衡不充分的掣肘，还缺乏实现共同富裕的物质基础，远未到实现共同富裕的历史阶段。根据生产力决定生产关系的基本原理，当下，解放和发展生产力仍然为第一要务。从而，推动共同富裕必须与推动高质量发展同步进行，协调并进，在高质量发展中推进共同富裕，在"做大蛋糕"中"分好蛋糕"。马克思主义基本原理指出，生产决定分配，分配反作用于生产。通过进一步调整收入分配，促进共同富裕，扩大中等收入群体比重，是激发、提高群众消费的重要渠道，这不仅是改善人民生活的重要路径，同时是构建"以国内大循环为主体、国内国际双循环相互促进的新发展格局"①的重要手段和实现消费引领生产的重要基础。2021 年 8 月 17 日，习近平总书记主持召开中央财经委员会第十次会议，发表重要讲话强调，"共同富裕是社会主义的本质要求，是中国式现代化的重要特征，要坚持以人民为中心的发展思想，在高质量发展中促进共同富裕"②。共同富裕与发展之间的内在关联对评价工具的构建和选择提出要求：共同富裕指标体系应当刻画和包含区域当下发展状况及未来一段时间内区域的发展潜力。

二是共同富裕的对象是全体人民。"共同富裕"这一术语中，"共同"二字，强调主体对象是"全部""全体""每个"社会个体，而不是社会中的少数人、少数团体、少数阶层。《共产党宣言》明确指出，"过去的一切运动都是少数人的或者为少数人谋利益的运动。无产阶级的运动是绝大多数人的，为绝大多数人谋利益的独立的运动"③。作为马克思主义执政党，党的纲领文献和领袖讲话中，将"全体人民"作为"共同富裕"的修饰语，作为党的初心使命，在思想和实践中强化贯彻。在中央财经委员会第十次会议上，习近平总书记强调，"我们说的共同富裕是全体人民共同富裕……不是少数人的富裕"④。这充分表明，中国共产党作为马克思主义政党，始终代表最广大人民的

---

① 《习近平谈治国理政》第四卷，外文出版社 2022 年版，第 114 页。

② 《习近平主持召开中央财经委员会第十次会议强调 在高质量发展中促进共同富裕 统筹做好重大金融风险防范化解工作》，《人民日报》2021 年 8 月 18 日。

③ 《共产党宣言》，人民出版社 1997 年版，第 38 页。

④ 《习近平谈治国理政》第四卷，外文出版社 2022 年版，第 142 页。

根本利益，与西方私有制条件下为资产阶级利益服务的资本主义国家有本质区别。这一原则要求共同富裕评价指标体系要反映整体分配状况。这一点在社会主义初级阶段体现为资本和劳动在收入中的相对比重。

三是共同富裕是全面富裕。共同富裕的根本目的，是实现人的全面发展。党的十九届六中全会提出，"推动人的全面发展、全体人民共同富裕取得更为明显的实质性进展"①，指明人的全面发展与全体人民共同富裕之间的内在关联是，通过促进共同富裕，逐步推动实现人的全面发展。在《德意志意识形态》中，马克思指出，"在共产主义社会里，任何人都没有特殊的活动范围，而是都可以在任何部门内发展，社会调节着整个生产，因而使我有可能随自己的兴趣今天干这事，明天干那事……"②。这表明，人的全面发展内含人的需要和能力的发展。从而，共同富裕的范畴不只包括物质财富更加公平的分配，同时还强调与人的发展相关的精神文明成果享受、公共服务的普惠、生态环境的宜居等诸多方面。考虑到在市场经济环境下，人的全面发展状况本身是影响个人收入的重要因素，因此，"全面富裕"实际上对区域经济、社会发展提出了全面的、全方位的要求。这是共同富裕的发展保障。如果没有这些保障，人的全面发展就会出现区域维度的差异，不可能实现真正意义上的"共同富裕"。从而在考察和评价共同富裕的过程中，不仅要关注物质财富，同时要将精神文明建设、文化成果共享、生态环境建设成果等社会发展方面纳入考察。

---

① 《习近平谈治国理政》第四卷，外文出版社 2022 年版，第 9 页。
② 《马克思恩格斯选集》第 1 卷，人民出版社 2012 年版，第 165 页。

自中央赋予浙江重要示范改革任务，支持浙江高质量发展建设共同富裕示范区以来，浙江全面落实中央部署，扎实推进共同富裕。其中重要的工作，是对共同富裕评价指标体系进行探索，为全国各省区市共同富裕评价指标体系的建设和共同富裕量化研究提供参考和示范。考虑全国各省区市层面的数据可得性，结合前文基本原则及浙江统计方面对共同富裕评价体系的考察，本书构建共同富裕评价指标体系，对全国各省共同富裕进展（不含港澳台）进行测度。基于对测度结果的分析，指出典型省份在推进共同富裕过程中需要注意和加强努力的若干方面，并提出相关建议。在评价指标的选取、指标目标值设置、不同指标权重的确定以及测算方法的选取等方面，兼顾研究目的与规范，遵循科学、系统、全面、可比和可操作等基本原则。

三、共同富裕评价体系构建

本书采用层次分析法构建共同富裕评价指标体系，如表 10—1 所示。其中，一级指标一个，为共同富裕总得分。二级指标，包括社会发展水平、生活富裕、精神富足和宜居幸福四个维度，涵盖了社会发展水平和影响个人发展的主要方面。二级指标下再分三级指标：社会发展水平包括高质量发展、收入初次分配、社会公共服务三个方面；生活富裕包括居民收入发展、生活水平质量两个方面；精神富足水平包括文化娱乐发展、基础教育发展两个方面；宜居幸福包括生态可持续发展、生活安全、信息交通便利三个方面；总计 10 个。四级指标共 45 个。表 10-1 详细展示了该指标体系的结构。

表 10-1　共同富裕评价指标体系

一级指标	二级指标	三级指标	四级指标
地区共同富裕指数	社会发展水平指数	高质量发展指标	地区生产总值近 3 年平均增长率
			地区研究与试验发展（R&D）经费投入强度
			人均地区生产总值（元／人）
			地区常住人口城镇化率
			地区综合能耗产出率（元／千克标准煤）
			地区居民人均收入与人均 GDP 之比
		收入初次分配指标	地区劳动报酬占 GDP 比重
			地区金融机构年末存款余额（万元）
			地区人均财政支出（万元）
		社会公共服务指标	地区医疗卫生教育财政支出占比
			地区每千人口拥有医疗机构床位数
			城镇低保平均标准（元／人·月）
			农村低保平均标准（元／人·月）
			基本养老保险参保率
			医疗保险参保率
			社会困难户得到国家临时救济人数占比
	生活富裕指数	居民收入发展指标	地区居民人均可支配收入
			可支配收入增长率
			低收入农户增长率
			城乡居民收入比
			中等收入群体比重
		生活水平质量指标	城镇居民人均消费支出（元）
			城镇居民人均消费支出增长率

一级指标	二级指标	三级指标	四级指标
地区共同富裕指数	生活富裕指数	生活水平质量指标	人均日生活用水量（升）
			农村居民人均消费支出（元）
			农村居民人均消费支出增长率
			居民家庭恩格尔系数（%）
			地区人均住宅建筑面积（平方米）
	精神富足指数	文化娱乐发展指标	居民文教娱乐服务支出占家庭消费支出比重
			电视节目综合人口覆盖率
			每万人拥有公共图书馆建筑面积（平方米）
			艺术表演团体演出场次（万场次）
		基础教育发展指标	地区小学生师比（教师人数 =1）
			地区普通高中生师比（教师人数 =1）
			地区初中生师比（教师人数 =1）
			地区普通高等学校数
	宜居幸福指数	生态可持续发展指标	地区人口平均预期寿命
			城市建成区绿化覆盖率（%）
			人均公园绿地面积（平方米 / 人）
		生活安全指标	生活垃圾无害化处理率（%）
			交通事故死亡比例（%）
			接受调解民间纠纷每万人数量

一级指标	二级指标	三级指标	四级指标
地区共同富裕指数	宜居幸福指数	信息交通便利指标	每万人拥有公共交通车辆（标台）
			每百人接入移动互联网数
			每百人使用移动流量数

为了展示和分析各地区过去一段时期内共同富裕的状态特征和演变状况，基于数据可得性，本文选取全国 31 个省级行政区作为研究对象，2012—2020 年作为研究窗口期，以体现党的十八大以来，各地区推进共同富裕的工作成绩与面临短板（不含港澳台）。数据来源为《中国统计年鉴》《中国卫生健康统计年鉴》《中国农村统计年鉴》《中国人口和就业统计年鉴》《中国科技统计年鉴》《中国高技术产业统计年鉴》《中国科技统计年鉴》等相关资料，以及国家统计局网站。

指标评价得分主要是通过"设置目标（理想值），进而将实际指标值与理想值作比较"来实现的。上述过程，关键步骤是各指标目标值设置和该指标在与其他同级指标一起参与上级评价得分中权重的设定。考虑到目前中央对共同富裕没有提出精确要求，学术界也处于探索阶段。实践中，浙江作为目前仅有的共同富裕示范区，在推进共同富裕先行先试方面作出探索性工作，在指标目标值的设定上，本书充分梳理、参考浙江方面对共同富裕工作的相关规划、文件，对每个细分项目分别设定多个预期值作为选项，通过打分和层次分析法，最终确定特定指标的理想目标，作为评价标准。各地区指标得分均与理想目标作比较，作为得分基础。

在指标权重设定方面，为了减少人为打分带来的主观偏差和其他因素产生的客观偏差，本书在借鉴现有评价指标体系研究的基础上，采用等权重加权平均的方法将主客观权重相加，得出综合权重。首先，运用层次分析法测算权重，如表 10—1 所示，地区共同富裕评价指标体系共分为四个层次。针对每一层次，本书构建了判断矩阵，并采用 Saaty 提出的九标度法由笔者进行对比判断。随后，基于判断矩阵，计算出矩阵的最大特征值、特征向量，得出方案层到子准则层、子准则层到准则层、准则层到目标层的权重。搜集数据的估算结果表明，相关统计量均通过了一致性检验，表明笔者对指标的对比判断满足一致性，可以用于指标评价体系的构建和分析。其次，运用熵权法计算权重。先对数据进行标准化处理。鉴于各指标量纲不同，且有目标值对照，故在操作中作正、负向处理，计算每项指标的熵值，最终计算出冗余度。选用层次分析法和熵权法的均值作为综合权重。通过某指标冗余度与所有指标的冗余度作熵，得到该指标权重。

最终得分见式（10-1）。其中，为各个指标的综合权重，为四级指标中 z 省第 i 项样本数据的标准化得分，即为 z 省的共同富裕指数值。

四、各地区共同富裕：测度与分析

基于上述指标体系和方法，下面对我国各省区市 2012—2020 年共同富裕指标进行量化、展示、分析。相关内容围绕四个部分展开：共同富裕总体进展、共同富裕空间格局特征、各地区共同富裕状况差异，及典型省份共同富裕现状。

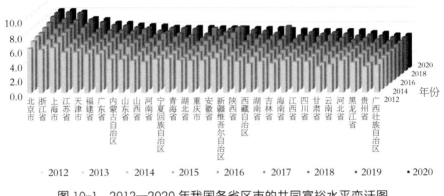

· 2012 · 2013 · 2014 · 2015 · 2016 · 2017 · 2018 · 2019 · 2020

图 10-1 2012—2020 年我国各省区市的共同富裕水平变迁图

首先考察我国各地区共同富裕变迁状况，见图 10-1。图 10-1 表明，过去一段时间内，整体来看，我国各省区市共同富裕扎实推进，成为现代化进程中的重要特征。在党中央坚强领导下，我国经济建设不断迈上新台阶，推动共同富裕不断完善发展。最为鲜明的标志是，实现了脱贫攻坚伟大胜利，迈出了共同富裕的重要一步。同时，横向比较表明，因发展基础和禀赋特征等因素，各地区共同富裕状况，差异较大。其中，成绩较为显著的地区包括北京、上海、浙江、河南等省（市）。以浙江省为例，2012 年，浙江省的共同富裕评价得分列上海市之后，在全国居于前列。究其原因，在于随着我国经济发展进入新常态，浙江省在市场经济、环境改善、社会治理及产业结构、人口结构、收入水平等方面不断取得发展优势，扎实稳步推进共同富裕。2020 年，浙江省已经成为仅次于北京市的高水平共同富裕地区。

2012 年我国各地区整体共同富裕水平普遍较低。同时，共同富裕得分与发展水平在区域维度产生了明显的相关性：西藏、云南、甘肃、广西、贵州等西部欠发达地区，共同富裕处于相对落后状态；而北京、上海、浙江、天津、江苏、福建和广东等经济水平相对发达的沿海地区，在共同富裕方面居于相对领先的位置。这充分表明，共同富裕首先是一个发展问题，其次才是分配问题。其意义和启发在于，必须在高质量发展中扎实推进共同富裕，这是实现共同富裕的唯一可行路径。相较于 2012 年，2020 年，我国各地区共同富裕整体取得较大成就。与此同时，共同富裕的空间格局发生明显变化。一方面，北京、浙江与上海的共同富裕水平领先优势愈发明显，成为我国共同富裕排头兵。特别是浙江省，共同富裕取得明显进展，发展势头较足，先行示范作用显著。但同时，部分内陆地区共同富裕工作成绩同样引人注目，如内蒙古和甘肃。需要说明的是，河北、天津等北方部分地区共同富裕已经相对落后，有较大提高空间。

表 10-2 中国八大经济区域共同富裕指数及其分项指数得分（2012 年与 2020 年）

地区	分项指数								共同富裕指数	
	社会发展指数		生活富裕指数		精神富足指数		宜居幸福指数			
	2012年	2020年	2012年	2020年	2012年	2020年	2012年	2020年	2012年	2020年
东北综合经济区	5.34	6.17	2.04	3.34	5.01	6.65	6.01	7.54	4.26	5.34
北部沿海综合经济区	6.09	7.46	2.81	4.94	6.21	8.31	7.70	7.88	5.15	6.48
东部沿海综合经济区	6.89	8.76	3.44	6.22	7.87	9.95	7.31	7.66	5.89	7.63
南部沿海经济区	6.29	7.33	2.45	4.30	5.76	6.96	7.31	7.72	5.02	5.99
黄河中游综合经济区	5.36	6.61	1.92	3.26	5.06	8.03	6.82	7.63	4.37	5.85
长江中游综合经济区	5.33	6.39	1.89	3.46	5.19	6.92	6.83	7.61	4.39	5.51

续表

地区	分项指数								共同富裕指数	
	社会发展指数		生活富裕指数		精神富足指数		宜居幸福指数			
	2012年	2020年	2012年	2020年	2012年	2020年	2012年	2020年	2012年	2020年
大西南综合经济区	4.67	6.16	1.78	3.26	4.42	5.80	6.99	7.44	3.95	5.10
大西北综合经济区	4.87	6.30	1.60	3.13	5.55	7.56	6.35	7.49	4.21	5.58

注：东北综合经济区包括：辽宁、吉林、黑龙江；北部沿海综合经济区包括：北京、天津、河北、山东；东部沿海综合经济区包括：上海、江苏、浙江；南部沿海综合经济区包括：福建、广东、海南；黄河中游综合经济区包括：陕西、山西、河南、内蒙古；长江中游综合经济区包括：湖北、湖南、江西、安徽；大西南综合经济区包括：云南、贵州、四川、重庆、广西；大西北综合经济区包括：甘肃、青海、宁夏、西藏、新疆。

表 10-2 从宏观视角展示了八大经济区的共同富裕推进状况（区域指数由区域内各省区市平均值得到）。如表 10—3 所示，与前文一致，较 2012 年，各经济区 2020 年共同富裕水平均有不同程度的提高。同时，各经济区的共同富裕得分高低顺序基本稳定，没有大范围变化。这意味着，从共同富裕的角度来看，经济理论中的"后发优势"总体尚不显著。从发展速度来看，东部沿海综合经济区与黄河中游综合经济区的共同富裕发展水平提升较快，而南部沿海经济区和东北综合经济区相对缓慢。这与各地区经济发展的总体态势相吻合。从动态角度来看，各地区共同富裕均保持发展态势。相较而言，虽然东北综合经济区的共同富裕指数略高于大西南综合经济区，但共同富裕水平提升呈现减缓态势，这可能与其经济增长总体相对乏力有关。故东北综合经济区应大力推进高质量发展，主动融入"双循环"新发展格局，奋力实现东北全面振兴。

从分项指数来看，各区域呈现如下特征。其一，各经济区宜居幸福指数总体较高且较为均衡：2012年宜居幸福指数较为落后的区域实现了较大提升，至2020年，全国不同区域的宜居幸福水平基本相当。这一点，在前文已作过强调。其二，八大经济区的社会发展和生活富裕指数，均呈现东部沿海综合经济区领先、北部沿海综合经济区和南部沿海经济区相对落后的格局特征。此外，虽然2012年东北综合经济区的社会发展指数明显高于大西南、大西北综合经济区；但2020年，大西南综合经济区域的社会发展指数已与东北综合经济区基本相当，并呈现赶超态势。但从生活富裕指数来看，东北综合经济区仍领先于大西南综合经济区和大西北综合经济区。其三，东部沿海经济区、北部沿海综合经济区以及黄河中游综合经济区的精神富足指数相对较高，大西南综合经济区的精神富足水平落后明显，提升空间较大。

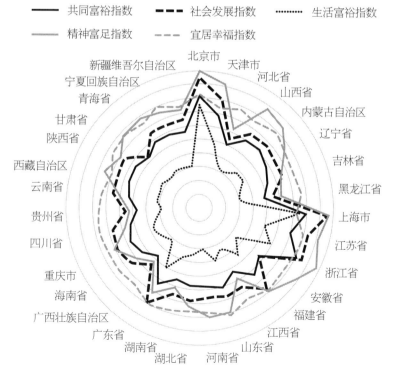

图10-2 2020年我国各省区市共同富裕对比

　　除区域得分外，指标体系中，各省区市分项得分为各地区共同富裕状况提供了更为详细的信息，为针对性补齐短板、强化优势，进一步推动共同富裕提供启发。图10—2展示了2020年各省区市共同富裕总分及二级指标得分，下面逐一分析。首先，各省区市宜居幸福指数没有表现出显著差别，均处于较高水平。但社会发展指数，不同省份之间存在较大差异：北京、上海呈现领先优势，广东、浙江、江苏、福建、天津也具有较高水平，但内陆地区相对落后。这与直观感受相符：经济发达地区在社会发展方面有更好的物质基础，以公共服务为代表的社会发展资源优势明显。其次，除北京、浙江和上海等经济发达地区外，部分经济发展水平相对落后的省份同样具有较高的精神富足水平。这表明，物质文明建设和精神文明建设之间呈现出非同步关系。这也就意味着，在其他方面相对落后的地区，仍然有通过完善精神文明建设，推动精神富足和共同富裕的可能。生活富裕指标则呈现出一些新的特征。第一，就同一省份而言，相较于其他指标，该指标得分往往较低。这说明，居民收入和生活质量的提升，是当下推进共同富裕面临的主要约束。扎实推动共同富裕，实现"人民生活更为宽裕，中等收入群体比例明显提高"的阶段性目标，离不开坚实的物质基础，这是践行共享发展理念最直接的体现和渠道。考虑到分配的前提是生产，生产决定分配。这再次表明，高质量发展是共同富裕的基础前提，推动实现共同富裕必须依靠高质量发展。第二，横向比较表明，各地区生活富裕指数存在一定差异，表明我国区域经济发展的不平衡特征。缩小区域发展差距、加快落实区域发展战略，支持革命老区、民族地区、边疆地区、贫困地区加快发展等举措迫在眉睫。

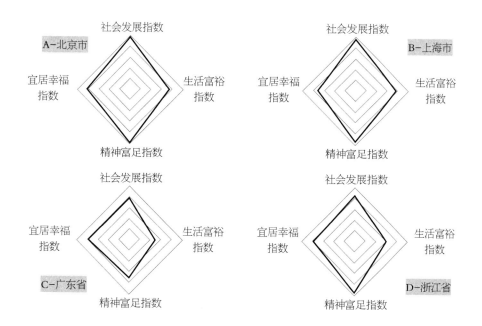

图 10-3 2020 年我国典型省份共同富裕雷达分析图

各地区共同富裕分项指数存在结构性差异，这是由各地区所处不同的发展阶段和发展水平所决定的，反映出各地区差异化发展特征。本书选取北京、上海、广东和浙江作为典型省份，对它们 2020 年分项指数进行具体分析，如图 10—3 所示，以探究各地区的发展优势和短板，为其他地区的发展提供借鉴。总体来看，作为中国经济相对发达地区，四个省（市）与其他省份的纵向比较中，经济发展、居民收入、共同富裕等方面，已经位于前列。但同自身相比，仍然面临不均衡问题，即相对短板。首先看北京市。北京市的共同富裕水平常年稳居前列。社会发展指数优势明显，但生活富裕和宜居幸福两个方面相对落后。上海与北京情况相似，但相较而言，宜居幸福指数面临一定不足。因此，北京和上海均应聚焦提高地区生活富裕指数和宜居幸福指数，进一步推动实现共同富裕。其次来看广东省。广东省经济体量庞大，连续 32 年居国内 GDP 总量第一位，但人均地区生产总值、全体居民人均可支配收入等关键指标均明显落后。与北京、上海、浙江等共同富裕领先省市横向相比，也存在一定差距。此外，广东省的精神富足指数仍有待提升。笔者猜测，这些状况可能与广东省内区域的发展协调性不足有关。2021 年统计数据表明，广东省下辖城市中，仅深圳、广州、佛山、东莞四所城市 GDP 过万亿元，其余城市均低于万亿元。其中，深圳 GDP 超过 3 万亿元，达到 30664 万亿元，居第一位，在全省 GDP 占比达到 24%，是排名第四位的东莞市 GDP 的 2.8 倍左右（东莞 2021 年 GDP 为 10855 亿元），是排名靠后的云浮市的 26 倍左右（云浮市 2021 年 GDP 为 1138 亿元）。统计数据充分表明，广东各市发展水平差异较大，整体面临发展不平衡的短板。同时，这一问题在其他省份也是普遍存在的，应当引起重视。最后来看浙江省，该省的四大分项指数相对均衡且均处高位，但社会发展水平、生活富裕水平仍有较大提升的空间。作为共同富裕示范区，浙江被赋予重要使命，应持续推动高质量发展，扎实推动共同富裕，加快在发展不平衡不充分问题方面取得成绩，率先在推动共同富裕方面实现理论创新、实践创新、制度创新、文化创新，力求在 2025 年推动高质量发展建设共同富裕示范区取得明显实质性进展，形成阶段性标志性成果。

五、结论

本章聚焦共同富裕指标评价体系的构建与应用，首先阐述了构建共同富裕指标体系的实践价值与主要原则。在此基础上，构建以 4 个二级指标、10个三级指标为主要架构的共同富裕评价体系，并对各省区市2012—2020年间共同富裕推进状况进行简单评价与分析。

　　主要结论包括：（1）党的十八大以来，整体来看，伴随经济的快速发展，各地区扎实推进共同富裕，取得了长足进展。（2）各地区共同富裕状况与经济发展水平呈现出显著正相关关系。经济形势较好、发展水平相对较高的地区，推进共同富裕相关工作处于前列。反之，经济发展水平相对落后的地区，共同富裕相关工作短板也比较明显。其中，承担共同富裕示范区的浙江在推进共同富裕、彰显社会主义制度优势方面成绩突出。（3）具体来看，样本期内，各地区共同富裕进展差异化明显。社会发展指数集中体现了各地区发展不平衡不充分的格局特征。（4）共同富裕与经济发展水平总体相关，但不完全一致，部分经济相对落后地区，以精神文明建设和共享精神文明成就，推动共同富裕前进。（5）宜居方面的相关状况，已经不是制约各地区推进共同富裕的主要因素。

　　基于分析与结论，可以清楚地看到各地区的优势短板，从而得到有助于进一步推进共同富裕的建议。首先，也是最主要的一条，要充分认识生产与分配之间的内在关联。共同富裕是一个发展问题，必须通过高质量发展解决和实现。本书所设置的各项二级指标，包括社会发展水平、生活富裕、精神富足、宜居幸福等方面，无不以经济发展为其进步的根本基础。因此，经济发展始终是实现共同富裕和人的全面发展的唯一渠道。没有经济高质量发展，共同富裕就是空中楼阁。这就要求，各地区仍然必须坚持以经济建设为中心，坚持以经济高质量发展作为引领社会其他方面发展的关键抓手；把握新发展阶段，贯彻新发展理念，构建新发展格局。其次，测度结果表明，各地区自身发展呈现出各方面不平衡的状态。例如，宜居幸福是北京和上海的相对短板；而生活富裕则是广东和浙江的相对短板。考虑到上述地区的社会发展方面得分较高，且总体经济产出在全国居于前列，笔者猜测，出现这种情况的主要原因在于，总体产出的分配中，居民所得较少。因此，将总产出中的份额向居民收入倾斜，是改善居民生活和推进共同富裕的重要举措。这里的启发在于，扎实推进共同富裕，除坚持经济建设为中心外，各地区应针对性采取措施，尽快补齐制约共同富裕的短板。

（执笔人：解晋、李志斌）

第十一章 | 浙江高质量发展建设 共同富裕示范区

　　共同富裕是社会主义的本质要求，是人民群众的共同期盼。实现共同富裕不仅是经济问题，而且是关系党的执政基础的重大政治问题。党的二十大报告进一步明确了共同富裕是中国式现代化的本质要求，并明确了到 2035 年全体人民共同富裕取得更为明显的实质性的目标。共同富裕是一个长期的历史过程，是一项艰巨任务，不可能一蹴而就，要分阶段、分区域逐步实现，因此，选取条件相对成熟的地区进行先行先试是扎实推动共同富裕这一重大战略部署的路径选择。2021 年 5 月，中共中央、国务院考虑到浙江的经济生活水平和区域发展特色，决定支持浙江率先高质量发展建设共同富裕示范区，试图通过共同富裕示范区的实践探索，进一步丰富共同富裕的思想内涵，探索破解新时代社会主要矛盾的有效途径，为全国推动共同富裕提供省域范例，打造新时代全面展示中国特色社会主义制度优越性的重要窗口。

一、浙江肩负共同富裕示范区建设国家战略历史使命

习近平总书记强调，"我们正在向第二个百年奋斗目标迈进。适应我国社会主要矛盾的变化，更好满足人民日益增长的美好生活需要，必须把促进全体人民共同富裕作为为人民谋幸福的着力点，不断夯实党长期执政基础"[①]。因此，要充分认识到当前已是扎实推进共同富裕的历史阶段，我们必须从战略和全局高度深化认识，增强使命感和责任感。对于浙江而言，高质量发展建设共同富裕示范区是习近平总书记亲自谋划、亲自定题、亲自部署、亲自推动的重大战略决策，是党中央、国务院赋予浙江的光荣使命。

共同富裕示范区必然在共同富裕方面具有代表性、典型性，具有可复制可推广经验。国家赋予浙江共同富裕示范区建设的历史使命，是因为浙江省这几年在探索解决发展不平衡不充分问题方面取得了明显成效，具备开展共同富裕示范区建设的基础和优势，在促进城乡区域协调发展方面具有广阔空间和巨大潜力。浙江建设共同富裕示范区的优势条件可以总结为以下几个方面。

---

① 习近平：《扎实推动共同富裕》，《求是》2021 年第 20 期。

（一）经济发展速度快，区域发展代表性强

从经济发展水平来看，2021 年浙江省地区生产总值为 7.35 万亿元，按可比价格计算，比 2020 年增长 8.5%，增速高于全国平均水平 8.1%，浙江省 GDP 总量占全国比重为 6.4%，连续 28 年稳居全国第四位，人均地区生产总值为 11 万元（按年平均汇率折算为 1.75 万美元），比 2020 年增长 7.1%。从地理区划来看，浙江呈现"七山一水二分田"的自然地理特征，行政区划上有 2 个副省级城市、9 个地级市和 53 个县（市），代表性较强。从城乡发展状况来看，浙江既有城市也有农村，农村户籍人口占了一半。2021 年浙江常住人口城镇化率为 72.7%。

（二）城乡发展比较均衡，差距相对较小

城乡居民收入比能够比较清晰地体现出当地城市与农村的差距情况，该数值越高说明城乡发展越不均衡，反之该数值越低证明城乡发展更为均衡。2021 年浙江省城镇居民人均可支配收入和农村居民人均可支配收入多年来始终位于全国省区市第一位，2021 年全省人均可支配收入为 5.75 万元，比 2020 年增长 9.8%，城镇居民人均可支配收入为 6.85 万元，比 2020 年增长 9.2%，农村居民人均可支配收入为 3.5 万元，比 2020 年增长 10.4%。2021 年城乡居民人均可支配收入比值为 1.94，比 2020 年缩小 0.02，居全国第三位，远低于全国 2.5 的水平，居民可支配收入最高与最低市收入倍差为 1.61，是全国区域发展差距最小的地方之一，也是全国唯一一个所有设区市居民收入都超过全国平均水平的省份。

（三）改革创新意识强，先行先试示范意义强

"干在实处、走在前列、勇立潮头"是浙江精神的充分体现。改革开放以来，浙江省就奋力走在时代发展的前沿，积极主动推动改革与创新工作，并在改革开放过程中积累了一定的丰富经验。浙江在实践探索中创造了"枫桥经验""最多跑一次"等全国具有典型意义的做法和经验。与此同时，浙江在市场经济、现代法治、富民惠民、绿色发展等多个领域也取得了显著成果，此次共同富裕示范区建设，浙江将担负新的历史使命，通过大胆试、大胆闯，及时总结提炼共同富裕示范区建设的成功经验和实现路径，为全国其他地区实现共同富裕提供示范。

（四）市场化程度比较高，民营经济发达

市场化程度高、民营经济发达是浙江经济的一大特色，2020 年浙江全省各类市场主体已经超过 800 万户，国有经济创造的经济总量在全省的 GDP 当中仅占 22.5%，民营经济创造的财富占 66.8%，占比将近 2/3。个体、私营经济发达，民营企业的数量规模、发展实力都较强，为推动浙江经济持续发展提供了充足动力，也为实现共同富裕提供了坚实保障。民营企业数量多、财源广，不仅为地方财政收入提供源泉，也能够有效解决就业问题，有利保障居民收入。近年来，得益于政府超前战略决策布局，浙江省在数字经济、互联网经济等新经济新业态等方面取得积极成效，为新时代推进共同富裕示范区建设提供了坚实的物质保障基础。

二、高质量建设共同富裕示范区的战略目标

以习近平同志为核心的党中央着眼于实现中华民族伟大复兴的中国梦，把推动共同富裕与社会主义现代化建设有机统一起来，立足不同发展阶段的特点和实际，在综合分析国际国内形势和我国发展条件的基础上，提出了分阶段，分步骤促进共同富裕的战略目标。习近平总书记在《扎实推动共同富裕》一文中明确提出，"到'十四五'末，全体人民共同富裕迈出坚实步伐，居民收入和实际消费水平差距逐步缩小。到 2035 年，全体人民共同富裕取得更为明显的实质性进展，基本公共服务实现均等化。到本世纪中叶，全体人民共同富裕基本实现，居民收入和实际消费水平差距缩小到合理区间"[1]。很明显，浙江共同富裕示范区建设目标超前于全国共同富裕目标。根据《中共中央　国务院关于支持浙江高质量发展建设共同富裕示范区的意见》，到 2025 年，浙江省推动高质量发展建设共同富裕示范区取得明显实质性进展；到 2035 年，浙江省高质量发展取得更大成就，基本实现共同富裕。可见，浙江基本实现共同富裕的战略目标领先于全国 15 年。

探索高质量发展建设共同富裕示范区就是要以习近平总书记抓好浙江共同富裕示范区建设的重要指示精神为统领，全面落实《中共中央　国务院关于支持浙江高质量发展建设共同富裕示范区的意见》，紧紧围绕"四大战略定位"，按照"每年有新突破、5 年有大进展、15 年基本建成"的目标安排压茬推进，率先在推动共同富裕方面实现理

---

[1]　习近平：《扎实推动共同富裕》，《求是》2021 年第 20 期。

论创新、实践创新、制度创新、文化创新，加快取得突破性进展、打造标志性成果、创造普遍性经验。

（一）率先基本建立推动共同富裕的体制机制和政策框架

共同富裕示范区建设要加强顶层设计，用改革的办法解决发展中的问题，浙江要深化改革，发挥数字技术优势，以数字化改革撬动共同富裕重大改革全面深化，破除制约高质量发展高品质生活的体制机制障碍，形成先富带后富、推动共同富裕的目标体系、工作体系、政策体系、评价体系。

（二）率先基本形成更富活力创新力竞争力的高质量发展模式

共同富裕的首要任务是做大蛋糕，推进共同富裕示范区建设，要显著提高经济发展质量和效益，按照"十四五"规划和 2035 年远景目标的要求，到 2035 年人均地区生产总值达到中等发达经济体水平。围绕建设新时代活力浙江、高水平创新型省份和三大科创高地等建设目标，推进各项重大项目取得积极进展。建成高质量乡村振兴示范省，推动产业升级与消费升级协调共进、经济结构与社会结构优化互促，基本建成国内大循环的战略支点和国内国际双循环的战略枢纽。

（三）率先基本形成以中等收入群体为主体的橄榄型社会结构

居民人均可支配收入与人均地区生产总值之比持续提高，中等收入群体规模不断扩大、结构持续优化、生活品质不断提升，城乡区域发展差距、城乡居民收入和生活水平差距显著缩小，低收入群体增收能力、生活品质和社会福利水平明显提升。到 2035 年，城乡区域协调发展程度更高，收入和财富分配格局更加优化。

（四）率先基本实现人的全生命周期公共服务优质共享

基本公共服务实现均等化，更高水平推进幼有所育、学有所教、劳有所得、病有所医、老有所养、住有所居、弱有所扶，基本建成学前教育、公共卫生、养老照料、体育健身等"15 分钟公共服务圈"，婴幼儿照护服务体系更加完善，高质量教育体系基本建成，技能人才占从业人员比例大幅提高，健康浙江基本建成，社会保障和养老服务体系更加完善，城镇住房保障受益覆盖率稳步提高，新时代社会救助体系全面建立，人人共享的数字社会加快形成。到 2035 年，法治浙江、平安浙江建设达到更高水平，治理体系和治理能力现代化水平明显提高，物质文明、政治文明、精神文明、社会文明、生态文明全面提升。

（五）人文、生态、和谐之美更加彰显

要深入实施新时代文化浙江工程，基本建成以社会主义核心价值观为引领、传承中华优秀传统文化、体现时代精神、具有江南特色的文化强省，国民素质和社会文明程度达到新高度，彰显人文之美。要努力实现生态环境状况综合指数稳居全国前列，实施碳排放达峰行动、推动全面绿色转型取得明显成效，生态产品价值实现机制全面推行，生态文明制度体系率先形成，基本建成美丽中国先行示范区，彰

显生态之美。要一体推进法治中国、平安中国示范区建设，纵深推进清廉浙江建设，基本建成党建统领的整体智治体系，基本形成活力和秩序有机统一的现代化社会，群众获得感幸福感安全感满意度进一步提升，彰显和谐之美。

总体而言，到 2035 年浙江高质量发展要取得更大成就，居民收入和实际消费水平差距缩小到合理区间，基本实现共同富裕，率先探索建设共同富裕美好社会，努力在浙江大地率先展现效率与公平、发展与共享有机统一的富裕图景，全域一体、全面提升、全民富裕的均衡图景，人民精神生活丰富、人与自然和谐共生、社会团结和睦的文明图景，群众看得见、摸得着、体会得到的幸福图景。

三、浙江共同富裕示范区建设的实现路径

高质量发展建设共同富裕示范区，要坚持国家所需、浙江所能、群众所盼、未来所向，完整、准确、全面贯彻新发展理念，以解决地区差距、城乡差距、收入差距问题为主攻方向，着力抓好一系列创新性突破性的重大举措。

（一）以新发展理念为引领，努力推动经济高质量发展

共同富裕首要还是做大"蛋糕"，高质量发展是基础，也是必然路径。要在科学的理念指引下推动经济高质量发展。习近平总书记在福建考察时强调，"推动高质量发展，首先要完整、准确、全面贯彻新发展理念。新发展理念和高质量发展是内在统一的，高质量发展

就是体现新发展理念的发展"①。共同富裕示范区建设要以新发展理念为指引，以更宽领域、更高层次开拓创新驱动发展模式，推动科技创新、模式创新、业态创新、管理创新等不同领域和不同层面的创新，深入实施人才强省创新强省首位战略，努力基本建成新时代活力浙江、高水平创新型省份，加快建设"互联网+"、生命健康、新材料三大科创高地和创新策源地。要大力建设全球数字变革高地，深化国家数字经济创新发展试验区建设，建设具有全球影响力的数字产业集群和全球数字贸易中心，推动全民共享数字红利。要探索"腾笼换鸟、凤凰涅槃"新路径，拓宽绿水青山就是金山银山转化通道，培育壮大新富民产业，培育更加活跃更有创造力的市场主体，健全平台经济治理体系，形成支撑共同富裕的现代产业体系。要努力促进产业升级与消费升级协调共进、加快构建经济结构与社会结构优化互促的良性循环，基本建成国内大循环的战略支点、国内国际双循环的战略枢纽。要统筹推动数字化改革和共同富裕，重塑政府、社会、企业和个人关系，以数字赋能推动政策集成化、精准化，探索构建数字化时代有利于共同富裕的新规则新政策新机制。

（二）化解社会主要矛盾，缩小城乡地区发展差距

发展不平衡不充分是我国当前社会经济发展过程中矛盾的主要方面。浙江也同样面临着区域城乡发展不平衡的问题。不过，早在 21世纪初，习近平总书记在浙江工作期间就十分重视区域协调发展，在

---

① 《习近平在福建考察时强调　在服务和融入新发展格局上展现更大作为　奋力谱写全面建设社会主义现代化国家福建篇章》，《人民日报》2021 年 3 月 26 日。

深刻认识区域发展规律和准确把握浙江省情、区域发展特征的基础上，开创性地提出了深入实施"百亿帮扶致富工程""欠发达乡镇奔小康工程"和"山海协作工程"三大工程，成为化解浙江区域、城乡发展不平衡的战略安排。进入新时代，浙江在化解发展不平衡问题上也不遗余力。针对地区发展差距问题，浙江专门编制出台了山区 26 县跨越式高质量发展实施方案，制定"一县一策"发展路径，构建山区高质量发展政策体系，分类引导、精准施策，为每个山区县量身定制发展方案和支持政策。念好新时代"山海经"，以大湾区大花园大通道大都市区建设为统领，以高质量就业为核心，创新实施山海协作升级版，系统性增强内生动力，超常规推动山区共同富裕。持续深化山海协作工程，推动山海协作结对双方聚焦平台共建、产业共兴、项目共引，促进山海资源要素精准对接、合作共赢。进一步优化调整山海协作结对关系，全省 50 个经济强县结对帮扶 26 县，支持 26 县到省内发达地区投资建设产业、科创、消薄等三类"飞地"。明确山区新目标定位，挖掘提升山区特色优势，加快建设诗画浙江大花园最美核心区，加快培育形成新发展格局中的新增长极，开辟山区新发展路径。实施山区新发展行动推进招大引强、牵引型重大项目建设、"两山"转换促进、新型城镇化建设、乡村振兴和现代化建设、突破性集成改革推进、新时代山海协作、公共服务提质扩面等"八大行动"。深入实施新型城镇化和乡村振兴战略，以农业转移人口和农村人口为重点，打好城乡一体化改革组合拳，畅通城乡经济循环，率先实现城乡一体化发展。大力实施强村惠民行动，深化"两进两回"，实施科技强农、机械强农行动，健全村级集体经济收入增长长效机制，引导支持村集体在带动公共服务普及普惠上发挥更大作用。深入实施乡村集成改革，系统探索宅基地"三权分置"有效实现形式，建立健全集体经营性建设用地入市办法和增值收益分配机制，构建"新型农业经营主体＋'三位一体'合作经济组织"的现代农业经营体系，打开农民权益价值和农业价值空间。

（三）多渠道增加城乡居民收入，扩大中等收入群体规模

打造收入分配制度改革试验区是中央赋予浙江共同富裕示范区的"四大战略定位"之一，"扩中""提低"改革也是浙江共同富裕示范区建设的重中之重。为进一步落实共同富裕示范区建设，2021 年 7 月，浙江省就着手研究起草《浙江省"扩中""提低"行动方案》，目标是推动率先基本形成以中等收入群体为主体的橄榄型社会结构，并提出了具体的量化目标，到 2025 年，家庭年可支配收入 10 万元至 50 万元群体比例要达到 80%，20 万元至 60 万元群体比例要达到 45%。从"社会结构系统性优化"的全局出发，提出了促就业、激活力、拓渠道、优分配、强能力、重帮扶、减负担、扬新风等"扩中""提低"八大实施路径，切实发挥好"扩中""提低"改革对共同富裕各领域改革的牵引带动作用。在促就业方面，提出了健全就业促进机制、着力解决就业结构性矛盾、营造公平就业环境等举措；在优分配方面，提出了建立健全科学的工资制度、创新完善有利于调节收入差距的财税政策制度、完善公平可持续的社会保障体系、加快构建新型慈善体系等举措；在强能力方面，提出了推进基础教育优质均衡、增强职业教育适应能力、提升高等教育发展质量、完善终身教育开放共享体系等举措。抓住重点，精准施策，推动更多低收入人群迈入中等收入行列。按照全面覆盖和精准施策相结合的原则，瞄准增收潜力大、带动能力强的"扩中"重点群体和收入水平低、发展能力弱的"提低"重

点群体，提出了当前阶段需要重点关注的九类群体，包括技术工人、科研人员、中小企业主和个体工商户、高校毕业生、高素质农民、新就业形态从业人员、进城农民工、低收入农户、困难群体，率先推出了一批差别化收入分配激励政策。比如，技术工人主要从工资制度、培育机制等方面提出具体的激励举措；新就业形态从业人员主要从用工管理和权益保护、技能培训、社会保障等方面提出具体的激励举措。未来还将推动构建"全面覆盖＋精准画像"基础数据库，对重点群体政策实施情况开展效果评估，并不断调整完善重点群体类别，推动更多人迈入中等收入行列。

（四）促进基本公共服务均等化，提高社会保障水平

共同富裕是属于全社会的共同富裕，一定是全体人民共同参与、共同分享的，实现基本公共服务均等化是共同富裕的内在要求。高质量发展建设共同富裕示范区，要始终把人民对美好生活的向往作为奋斗目标，推动人的全生命周期公共服务优质共享，不断提高广大人民群众的获得感、幸福感、安全感。要推进城乡区域基本公共服务更加普惠均等可及，加强基础性、普惠性、兜底性民生保障建设，稳步提高保障标准和服务水平，率先实现基本公共服务均等化。要推动义务教育优质均衡发展，建成覆盖城乡的学前教育公共服务体系，普及高等教育、建成"伴随每个人一生的教育、平等面向每个人的教育、适合每个人的教育"。要深入实施健康浙江行动，加快建设强大的公共卫生体系，打造"健康大脑＋智慧医疗"，健全整合型医疗卫生服务体系，深化县域医共体和城市医联体建设，推动优质医疗资源均衡布局。积极应对人口老龄化，构建幸福养老服务体系，试点长期护理保

险制度，改革完善城乡居民基本养老保险制度。要持续改善城乡居民居住条件，完善住房供应和保障体系，扩大公租房、保障性租赁住房和共有产权住房供给，全面推进城镇老旧小区改造和社区建设，提升农房建设质量，加强农村危房改造，探索建立农村低收入人口基本住房安全保障机制，塑造江南韵、古镇味、现代风的新江南水乡风貌，提升城乡宜居水平。

（五）提高社会文明程度，丰富人民精神文化生活

共同富裕是社会主义的本质要求，是中国式现代化的特征。中国式现代化新道路是一条物质文明、政治文明、精神文明、社会文明和生态文明协调发展的现代化道路，共同富裕作为彰显这条现代化道路的重要特征，其内涵与中国式现代化道路不仅具有一致性，而且其内涵必将随着中国式现代化道路的不断拓展而持续丰富。共同富裕是全体人民的富裕，是人民群众物质生活和精神生活都富裕。习近平总书记指出："没有先进文化的积极引领，没有人民精神世界的极大丰富，没有人民精神力量的不断增强，一个国家、一个民族不可能屹立于世界民族之林。"① 因此，要坚持以社会主义核心价值观为引领，加强爱国主义、集体主义、社会主义教育，厚植勤劳致富、共同富裕的文化氛围。要守好"红色根脉"，大力弘扬伟大建党精神和红船精神、浙江精神，实施传承红色基因薪火行动，提升文化软实力，塑造社会新风尚，以文化创新推动思想进步、文明提升推动社会进步。要实施全域文明创建工程，推进新时代文明实践中心建设全覆盖，深化"最美

---

① 习近平：《在文艺工作座谈会上的讲话》，人民出版社 2015 年版，第 5 页。

浙江人"品牌培育行动，推进文明好习惯养成。要弘扬诚信文化，推进诚信建设，营造人与人之间互帮互助、和睦友好的社会风尚。加强家庭家教家风建设，健全志愿服务体系，广泛开展志愿服务关爱行动。要打造江南特色的文化创新高地，深化文化研究工程，打造具有代表性的浙江文化符号和文化标志，传承弘扬中华优秀传统文化，充分挖掘浙江文化优势，深入推进大运河国家文化公园、大运河文化带建设，振兴非遗记忆。实施新时代文艺精品创优工程，推进文化产业数字化战略，扩大高品质文化产品和服务供给，完善覆盖全省的现代公共文化服务体系，提高城乡基本公共文化服务均等化水平。

四、推动高质量共同富裕示范区建设的保障措施

实现全体人民共同富裕，是社会主义的本质要求，也是我们党的初心和使命。共同富裕具有鲜明的时代特征和中国特色，只有在党的坚强领导下，通过全体人民的辛勤劳动和相互帮助，才能达到生活富裕富足、精神自信自强、环境宜居宜业、社会和谐和睦、公共服务普及普惠，从而实现人的全面发展和社会全面进步，共享改革发展成果和幸福美好生活。

（一）实现共同富裕，必须坚持党的全面领导

坚定维护党中央权威和集中统一领导，充分发挥党总揽全局、协调各方的领导核心作用，坚持和完善中国特色社会主义制度，把党的政治优势和制度优势转化为推动共同富裕示范区建设、广泛凝聚各方

共识的强大动力和坚强保障。共同富裕是开创性事业，是系统性变革重塑。要加强党对共同富裕示范区建设的全面领导，不断强化在中央坚强领导下省负总责、市县抓落实的体系化推进格局。落实全面从严治党主体责任、监督责任，持之以恒加强党风廉政建设，不断深化清廉浙江建设，营造风清气正的良好政治生态。以正确用人导向引领干部干事创业，加强生成性学习，提高塑造变革能力，打破思维定式和路径依赖，运用现代化的理念、机制、方法、手段，有力有效推动共同富裕变革性实践，不断开辟干在实处、走在前列、勇立潮头新境界。

对于共同富裕示范区而言，浙江要积极发挥党建统领共同富裕建设的引领作用。浙江省是红船精神发源地，也是习近平新时代中国特色社会主义思想的孕育之地，习近平总书记在浙江担任省委书记时为浙江提出了"八八战略"省域治理总方略，至今仍为各级政府贯彻执行的根本遵循，为浙江高质量发展建设共同富裕示范区奠定坚实基础。高质量基层党建是实现城乡共同富裕的组织基础。党建统领共同富裕，就是要选好配好基层党组织带头人，提高基层治理水平，推进基层数字化改革，以科技创新带动基层组织发展，健全党委统领全局的工作体系，强化扁平化管理模式，为基层发展精准配置各项资源。

（二）实现共同富裕，要坚持社会主义基本经济制度

习近平总书记指出："我国基本经济制度是中国特色社会主义制度的重要支柱，也是社会主义市场经济体制的根基，公有制主体地位不能动摇，国有经济主导作用不能动摇。这是保证我国各族人民共享发展成果的制度性保证，也是巩固党的执政地位、坚持我国社会主

义制度的重要保证。"①社会主义基本经济制度是实践和理论创新的重要成果，在革命、建设、改革的实践中形成和确立。坚持以公有制主体地位和国有经济主导地位，同时大力调整所有制结构，支持个体经济、私营经济、外资经济等多种所有制经济共同健康发展为基本经济制度，有效地激发了各类市场主体活力和创造力，实现了社会主义制度和市场经济的有效结合，拥有巨大的制度优越性，既有利于解放和发展社会生产力，改善人民生活，又有利于维护公平正义、实现共同富裕。坚持社会主义基本经济制度，就是要大力发挥公有制经济在促进共同富裕中的重要作用。要毫不动摇巩固和发展公有制经济，做强做优做大国有资本，积极稳妥推进国有企业混和所有制改革，探索公有制多种实现形式，鼓励发展国有资本、集体资本、非公有制资本等交叉持股、相互融合的混合所有制经济，实现各种所有制资本取长补短、相互促进、共同发展。

浙江省拥有良好的市场环境，注重发展民营中小企业。2021年，中国民营企业500强中，浙江有96家，连续23年蝉联全国首位。与此同时，还涌现了一批创新能力强、成长性好的"专精特新"中小企业，在2021年工信部公布的第三批专精特新"小巨人"企业名单中，浙江省有308家企业上榜，数量居全国第一位，浙江三批专精特新"小巨人"企业累计470家，总数亦居全国第一位。为此，要继续发挥广大中小企业的决策机制更加灵活、市场反应灵敏、科技创新活跃度高、就业带动力强的积极作用，促使浙江经济发展更具生机活力。浙江省数字经济发展具备良好基础，如阿里巴巴、网易、淘宝、考拉海购等公司，

———————

① 《习近平关于社会主义经济建设论述摘编》，中央文献出版社2017年版，第63—64页。

在全国独树一帜，引领风骚，要继续以科技创新为动力，大力发展数字经济，以代表性的企业发展带动全省经济实现高质量发展进而实现共同富裕。要深化农村集体产权制度改革，发展农村集体经济，完善农村基本经营制度。探索农村集体所有制有效实现形式，盘活农村集体资产，不断增强集体经济发展活力，实施乡村振兴战略，引领农民逐步实现共同富裕。要坚持以家庭承包经营为基础的统分结合双层经营体制，创新农业经营方式，丰富农业经营主体，推进家庭经营、集体经营、合作经营、企业经营共同发展，构建现代农业产业体系、生产体系、经营体系，健全农业社会化服务体系，实现小农户同现代农业发展有机衔接。要毫不动摇地鼓励、支持和引导非公有制经济发展，充分激发市场主体活力，为实现共同富裕创造更加雄厚的物质基础。

（三）实现共同富裕，要继续深化改革创新

党的十八大以来，我国各个层面都发生了深层次的、根本性的历史变革，党的面貌、国家的面貌、人民的面貌、军队的面貌及中华民族的面貌发生了前所未有的变化，我国社会的主要矛盾由"人民日益增长的物质文化需要同落后的社会生产之间的矛盾"向"人民日益增长的美好生活需要和不平衡不充分的发展之间的矛盾"的转化，推动我国从"欠发达"的历史方位进入"发展起来"的历史方位，推动中国特色社会主义进入新时代。党的十九大报告指出，这个新时代是"全国各族人民团结奋斗、不断创造美好生活、逐步实现全体人民共同富裕的时代"[①]。

---

① 《习近平谈治国理政》第三卷，外文出版社 2020 年版，第 9 页。

　　浙江在市场经济改革中，始终注重改革创新，破除体制机制障碍，促进经济社会发展。推进共同富裕示范区建设，要坚定不移推进改革，推动有利于共同富裕的体制机制新突破，着力破除制约高质量发展高品质生活的体制机制障碍，强化有利于调动全社会积极性的重大改革开放举措。要坚持社会主义市场经济改革方向，处理好政府与市场的关系，使市场在资源配置中起决定性作用，明确"公有制为主体、多种所有制经济共同发展""按劳分配为主体、多种分配方式并存""社会主义市场经济体制"的并列关系。要全面完善产权保护、市场准入、公平竞争等制度，建设高标准市场体系。要继续以新模式、新业态搞活国内外市场，持续推动经济更上新台阶。要切实转变政府职能，深化行政体制改革，创新行政管理方式，重视法治政府和服务型政府建设。要坚持创新在现代化建设全局中的核心地位，深入实施创新驱动发展战略，率先在推动共同富裕方面实现理论创新、实践创新、制度创新、文化创新。

（四）实现共同富裕，要坚持勤劳创新致富

　　幸福生活都是奋斗出来的，丰厚的物质基础是实现共同富裕的前提条件。要贯彻尊重劳动、尊重知识、尊重人才、尊重创造方针，增强发展能力创造更加普惠公平的条件，提升全社会人力资本和专业技能，提高就业创业能力，增强致富本领。要全面提升劳动者就业创业能力，持续大规模开展职业技能培训，广泛开展新业态新模式从业人员技能培训，畅通培训补贴直达企业和培训者渠道，鼓励企业开展岗位技能提升培训。要全方位培养、引进、用好人才，深

化人才发展体制机制改革。要遵循人才成长规律和科研活动规律，培养造就高水平人才队伍，培养造就更多国际一流的战略科技人才、科技领军人才和创新团队。加强创新型、应用型、技能型人才培养，实施知识更新工程、技能提升工程、壮大高水平工程师和高技能人才队伍。

对于共同富裕示范区而言，浙江要积极利用长三角一体化国家战略带来的机遇和优势条件，充分利用上海国际大都市在资本、人才、技术方面的溢出效应，发展壮大独具浙江特色的产业体系，推动产业基础高级化和产业链现代化。浙江要积极落实按劳分配为主体的分配原则，提高劳动报酬在初次分配中的比重，坚持居民收入增长和经济增长同步、劳动报酬提高和劳动生产率提高基本同步。加大财政投入力度，着力提高教育、医疗等基本公共服务的保障水平，缩小公共服务城乡差距，把提升国民素质放在突出的重要位置，防止社会阶层固化，畅通向上流动通道，给更多人创造致富机会，形成人人参与的发展环境。

（五）实现共同富裕，要坚持循序渐进

实现全体人民共同富裕是一个长远目标，需要一个过程，不可能一蹴而就。我们要有清醒的认识，办好实现共同富裕这件大事，既不能等，也不能急，对其长期性、艰巨性、复杂性要有充分的认识。要充分认识实现全体人民共同富裕的长期性。中国共产党自创立之日起，就把为中国人民谋幸福作为初心使命，不断努力，经过百年奋斗，中国迎来了从站起来、富起来到强起来的伟大飞跃，人民的生存权发展权得到了充分保障，取得了举世瞩目的历史性成就，为实现全

体人民共同富裕奠定了坚实基础。这些成就是共产党人与全国人民经过百年奋斗取得的，来之不易。

对于共同富裕示范区而言，浙江要充分发挥县域经济比较发达的优势，以县域为基本单元推进城乡融合发展，强化县城综合服务能力和乡镇服务农民功能。健全城乡基础设施统一规划、统一建设、统一管护机制，推动市政公用设施向郊区乡村和规模较大中心镇延伸，推动实现城乡交通、供水、电网、通信、燃气等基础设施同规同网，推进城乡基本公共服务标准统一、制度并轨，增加农村教育、医疗、养老、文化等服务供给，为加快实现农业农村现代化提供坚实的支撑。推进以人为核心的新型城镇化，健全农业转移人口市民化长效机制，探索建立人地钱挂钩、以人定地、钱随人走制度，切实保障农民工随迁子女平等接受义务教育，逐步实现随迁子女入学待遇同城化，壮大高素质农民群体。提高农民科技文化素质，推动乡村人才振兴。以深化"千村示范、万村整治"工程牵引新时代乡村建设，不断美化农村人居环境。

展望未来，实现全体人民共同富裕仍需要一个较长的时期。按照党中央的战略部署，到 2035 年全体人民共同富裕取得更为明显的实质性进展，到 21 世纪中叶全体人民共同富裕基本实现。从现在到基本实现全体人民共同富裕仍需 15 年时间，若从党成立之日起计算，则更是长达一个多世纪的时间。我们要清醒地认识实现共同富裕所面临的艰巨挑战。共同富裕需要雄厚的经济基础，但共同富裕绝非单纯的创造财富和进行财富分配的问题，而是一个综合性问题，涉及人民群众的获得感、幸福感、安全感、公平感等全方位目标。我们不仅要解决好经济问题，保持经济高质量发展，而且要在保证物质富裕的基础上，促进社会全面发展，解决好人民精神富足问题，实现人的全面发展和社会的全面进步。作为共同富裕示范区，浙江承担着探索路径、积累经验、提供示范的重要历史使命，扎实推进高质量发展建设共同富裕示范区，加快探索具有普遍意义的共同富裕之路，将为全国实现共同富裕提供示范带动作用。

（执笔人：汪彬）

责任编辑：曹　春

封面设计：汪　莹

图书在版编目（CIP）数据

如何在高质量发展中促进共同富裕：中央党校教授与你谈／中共中央党校
（国家行政学院）经济学教研部　著；曹立　主编 . — 北京：人民出版社，
　2024.1

ISBN 978－7－01－026242－0

Ⅰ.①如… Ⅱ.①中… ②曹… Ⅲ.①共同富裕－研究－中国 Ⅳ.① F124.7

中国国家版本馆 CIP 数据核字（2024）第 011956 号

如何在高质量发展中促进共同富裕

RUHE ZAI GAOZHILIANG FAZHAN ZHONG CUJIN GONGTONG FUYU

——中央党校教授与你谈

中共中央党校（国家行政学院）经济学教研部　著

曹　立　主编

人民出版社 出版发行

（100706　北京市东城区隆福寺街 99 号）

北京汇林印务有限公司印刷　新华书店经销

2024 年 1 月第 1 版　2024 年 1 月北京第 1 次印刷
开本：710 毫米 ×1000 毫米 1/16　印张：16.25
字数：193 千字

ISBN 978－7－01－026242－0　定价：78.00 元

邮购地址 100706　北京市东城区隆福寺街 99 号
人民东方图书销售中心　电话（010）65250042　65289539